¡QUIÉN MANDA AQUÍ!

Nora Rodríguez

¡QUIÉN MANDA AQUÍ!

EDUCAR A LOS HIJOS CON UNA DISCIPLINA COHERENTE Y EFECTIVA

EDITORIAL JUVENTUD, S. A.
PROVENÇA 101 - BARCELONA

Provença, 101 - 08029 Barcelona
info@editorialjuventud.es
www.editorialjuventud.es

Ilustraciones: Ignasi Rovira
Primera edición, 2005
Depósito legal: B. 9.841-2005
ISBN 84-261-3453-X
Núm. de edición de E. J.: 10.548
Impreso en España - Printed in Spain
Ediprint, c/ Llobregat, 36 - Ripollet (Barcelona)

A Félix, mi compañero y amigo.

A nuestro hijo Santiago.

En algunos pueblos de América del Sur, a las parejas que se van a casar se les cuenta la historia del «niño rey» para que sepan cómo no deben actuar si deciden tener un hijo. Según este relato, cuando la mujer de un joven campesino dio a luz a su primer hijo, ni el padre ni la madre tuvieron otra preocupación que hacer todo lo que estuviera en sus manos para que su hijo fuera feliz. Pensaron, por ejemplo, que no había por qué ponerle límites; ellos deseaban sinceramente que se sintiera libre. También pactaron que cada uno le enseñaría a su modo las pautas de vida; los dos estaban de acuerdo en que el niño debía crecer sin sentirse coaccionado. Así que al cabo de unos años tal educación dio resultados. El pequeño no sólo se sentía libre como un pájaro sino que además creía que todo el mundo debía darle lo que se le antojaba. y cuando no lo conseguía trataba a sus padres con desprecio comportándose como un dictador. Incluso se volvió extremadamente susceptible y se sentía frustrado cada vez que no conseguía lo que quería. Moraleja: un niño sin límites no es un niño feliz y puede convertirse en un verdadero tirano.

¿POR DÓNDE EMPEZAMOS?

INTRODUCCIÓN

Sandra no debe de tener más de cuatro años y su madre alrededor de treinta. Ambas están en un centro comercial. Sandra intenta controlar a su madre con un berrinche. Personalmente no conozco ni a una y a otra. Sólo soy una espectadora circunstancial. La madre mira a Sandra fijamente a los ojos y le grita. Sandra barre con la mirada a todos los que presenciamos el espectáculo. Los espectadores circunstanciales somos su público, así que «la pequeña reina» de inmediato se tira al suelo y patalea, ejerciendo una vez más su capacidad para controlar la situación. La madre repite varias veces «¡Basta, Sandra!». Sandra hace como si no la escuchara. La madre no sabe cómo actuar ante tanta tozudez, así que le pega y, seguidamente, se la lleva tirando de ella de una mano mientras con la otra empuja el cochecito donde lleva un bebé de meses. Mientras ambas se alejan se oye la voz de Sandra gritando «mala», «fea» y «tonta».

- ¿Cómo manejan los niños a sus padres con sus rabietas, caprichos, ataques de furia, espasmos y crisis nerviosas?
- ¿Cómo contribuyen los padres para que el niño o la niña siga comprobando que es el rey o la reina de la casa?

- ¿Hasta qué punto algunos padres no se dan cuenta de que al cambiar la percepción de la disciplina (del autoritarismo a un exceso de flexibilidad) son los propios padres los que no saben dónde están los límites?
- ¿Tienen miedo los padres a que sus hijos no los quieran y ésa es la razón por la que no le marcan pautas de conducta?

La historia de Sandra y su madre parte de la observación de dos personas anónimas. No obstante, hay otras historias que también aparecen en este libro y que son el resultado de un seguimiento de niños pertenecientes a familias con estructuras diversas: padres o madres solos, familia convencional, niños que pasan la mayor parte del día con abuelas o abuelos..., otros que son educados por canguros. Todos ellos sin embargo con un denominador común: a menudo se sienten frustrados y rabiosos cuando hay que respetar normas; y también los adultos que les cuidan.

¿Cómo educar sin violencia cuando los niños se descontrolan? ¿De dónde nace la idea de que los niños tienen que aprender rápido a ser obedientes? ¿Qué pasaría si en lugar de la «cachetada a tiempo» los padres basaran la enseñanza de la disciplina en la coherencia, en ser un apoyo para ayudar a los niños a superar miedos, inseguridades, mientras aprenden a controlar sus impulsos?

Enseñarles disciplina a los hijos tiene como único objetivo prepararlos para que se respeten a sí mismos y a los demás, ayudándolos a descubrir un equilibrio entre su mundo interno y el mundo exterior.

Evidentemente todos sabemos que la educación de un niño requiere grandes dosis de paciencia. También sabemos que no existe una manera única de criar a los niños y que los modelos teóricos en realidad no sirven. Eso es como enseñar disciplina por inercia. Por esa razón, *¡Quién manda aquí!* no es un manual sobre cómo educar. Es un libro sobre disciplina pero teniendo en cuenta al actor principal: el niño. Y es que para educar de un modo coherente lo primero que deben saber los padres es por qué desafíos de crecimiento están pasando sus hijos.

Un «Vete a tu habitación» dicho por el padre o la madre no tiene el mismo efecto en un niño de dos años que en uno de nueve o en uno de doce. Probablemente el primero se sienta asustado y temeroso; el segundo tal vez se sienta avergonzado; y al tercero tal vez ni le interese. Más aún, tal vez esté deseando estar solo en su habitación para jugar más tiempo con la consola. En suma, una reprimenda, del tipo que sea, no siempre causa el mismo efecto, porque sólo da buenos resultados si, para la etapa que está viviendo el niño, es realmente algo que no desea. Y en muchos casos, lo conveniente y lo que da mejores resultados es dialogar y pactar.

¿Es ésta una nueva visión de la disciplina? Sin duda. Y es nueva porque da prioridad al conocimiento de los hijos, lo que no sólo permitirá enseñar el valor de los límites desde la perspectiva del niño, sino potenciar sus talentos y ayudarlo a vencer miedos y dudas. Y en una sociedad heterogénea como la nuestra, donde existen diferentes culturas y maneras de criar a los niños, donde cada familia espera de sus hijos un comportamiento diferente, conocerlos implica poder realizar mejor esos pequeños ajustes que los padres necesitan hacer de tanto en tanto. No hay que olvidar que en pocos años nuestra sociedad ha pasado de una rigidez extrema a una total laxitud de normas, donde el ritmo acelerado de vida llevó a muchos a creer que ser «buenos padres» equivalía fundamentalmente a programarles un futuro brillante a los hijos, lo cual los ha desorientado. Y es que mientras muchos de ellos impulsaban a sus hijos a ser brillantes en un futuro, dejaban de priorizar otras enseñanzas básicas, como enseñarles a hablar de sus emociones, a ser responsables, a respetarse, y a darse cuenta de que sus actos siempre conllevan consecuencias.

De hecho, no se puede seguir pensando que la infancia es una etapa de inmadurez marcada por la felicidad porque no hay responsabilidades. ¡A los niños y a los preadolescentes les suceden muchas cosas! De ahí que dejar que un niño se salte las normas hasta que crezca, más que educar es «dejar hacer» sin rumbo. Como igual de erróneo es ser exigente y transmitirles «Lo haces porque yo lo mando y punto», o etiquetarlo con un «eres pesado», «malcriado», «molesto», «llorón», «quisquilloso», «caprichoso...» para que se sienta avergonzado y se calme de una vez. Estas fórmulas, más que educar son modos inseguros de enseñarle cómo enfrentarse a la vida. Y lo mismo cuando un adulto usa el chantaje emocional o material para obtener resultados rápidos y con el único fin de que se transforme en ese hijo ideal que los padres desean. «Si haces esto o aquello te compraré tal cosa.» Eso es no pensar en él, ni en sus capacidades y habilidades.

Y es que cuando los padres comprenden que un niño de dos años no es malo porque se sube a la mesa y que sólo se está dejando llevar por sus deseos de exploración, en lugar de castigarlo reconocen que tiene un mejor efecto para su educación explicarle que eso no lo debe hacer y proponerle otras cosas menos peligrosas e igual de interesantes para su edad. Del mismo modo, cuando se comprende que un niño de tres años no es desagradable porque le pega a otro niño que le ha quitado un juguete, sino que sólo está experimentando formas de conservar su territorio, el trato cambia. Del mismo modo, un niño de cuatro años, no es insolente porque le ha dicho a su madre que la odia y es fea, sólo intenta descubrir modos de cortar un poco el cordón que los une y poner a prueba su independencia emocional. Un niño de cinco años no es miedoso porque no entra en una habitación si está oscura, tal vez tenga los terrores típicos de su edad...

¡Quién manda aquí! es un libro que parte de la comprensión, que muestra cómo la conducta está estrechamente relacionada con las necesidades propias de crecimiento y con los cambios que los niños experimentan. Es un libro que propone una disciplina consciente con la cual hallar la dosis justa de flexibilidad, compromiso, amor y voluntad de quererlos entender. Y por supuesto con una gran dosis de firmeza como fundamento imprescindible de la seguridad psicológica y emocional.

Veinte ideas comunes que no sirven para educar:

1. Un niño al que se le presta mucha atención puede convertirse en un niño malcriado.
2. No hay por qué adaptar el tiempo de espera, los gestos y las palabras a la edad de los niños si deseamos que éstos aprendan.
3. La curiosidad sólo sirve para que los niños aprendan a leer y a escribir, no para que aprendan valores.
4. Para cambiar el comportamiento del niño sólo hay que enseñarse a obedecer, lo cual no incluye ayudarlo a obtener el dominio de sí mismo.
5. El dominio de sí mismo o autocontrol ocurre automáticamente a los seis años, por lo que no hay que hacer nada para guiarlos a que comiencen antes el proceso de aprendizaje.
6. El aprendizaje de valores en la edad temprana no incide en los preadolescentes y adolescentes cuando se descubren fuertes y poderosos y se revelan.
7. Cuando los intentos de disciplinar al niño no tienen éxito es válido aplicar cierta cuota de violencia física sin que les haga daño.

8. Sólo en casos extremos puede ser beneficioso consultar con alguien fuera de la familia para que nos ofrezca sugerencias sobre la formación del niño. Los profesionales especializados en el desarrollo y el comportamiento infantil hay que dejarlos para casos verdaderamente graves.
9. Para disciplinar a los niños se pueden proporcionar castigos severos si no entienden a la primera.
10. Para que los niños aprendan lo correcto hay que castigar lo incorrecto.
11. Los niños deben estar de acuerdo con todas las normas en la familia.
12. Los hijos no tienen derecho a tener opiniones propias hasta que no son adultos.
13. Los padres que confían en el niño no son buenos educadores.
14. No tiene nada de malo invadir la privacidad de los niños si con ello se les ayuda a dominar lo que no es correcto.
15. Los niños deben aprender los límites fundamentalmente para ser buenas personas el día de mañana.
16. Los padres tienen derecho a dirigirse a los hijos como les plazca, para eso son los padres.
17. Ser adulto da el derecho de saltarse las normas de la casa.
18. Para lograr una buena educación no es prudente negociar y ser flexibles con los niños.
19. Los niños no tienen derecho a sentirse frustrados.
20. La vida más que los padres es la que les enseñará a comportarse como es debido.

CUANDO LOS NIÑOS DICEN: ¡AQUÍ MANDO YO!

¿Cómo puede un niño de dos, seis o diez años tener tanto poder sobre sus padres? La respuesta es sólo una: probando permanentemente la fuerza.

Carlos tiene cinco años. El lunes por la mañana, Carlos le dice a su madre que le duelen los pies y que no puede ir al colegio. Su madre duda, y como no sabe si lo que le dice su hijo es verdad, decide tenerlo en casa para controlarlo. La madre ha observado durante toda la mañana a Carlos y no parece sufrir físicamente de nada. Juega, salta, se estira y se sienta como un indio frente al televisor sin problemas. Cuando la madre le pone el plato de macarrones a la hora de la comida le dice que le duele la barriga. Después llora porque los quiere sin queso, así que su madre se lo quita. Come un poco y aparta el plato. La madre le prepara una hamburguesa que sabe que le encantan. No se la come, ¡se la devora!, y se va a jugar. *¿Resultado? Carlos 2 - Mamá 0.*

Es martes, Carlos ya ha comprobado que es muy fácil no ir a la escuela. Otra vez le duelen los pies, pero mamá ahora sabe que es mentira. Ante la negativa de la madre a darle el gusto, Carlos se enfurece, así que mamá lo viste, le da el desayuno en la boca para que coma algo... Finalmente el niño confiesa que no le duele nada. Como la madre le ha hecho todo lo que él debería hacer por sí solo, vestirse y desayunar, le sobra tiempo, con lo cual nadie se puede oponer a que mire los dibujos de la mañana. La madre desea estar un poco tranquila así que accede. *Resultado parcial de los dos días de la semana: Carlos 3 - Mamá 0.*

El miércoles, Carlos ya sabe que si miente bien puede quedarse en casa, si llora porque no le gusta la comida la madre le prepara otra, y que si tiene un berrinche alguien hará por él todo lo que le correspondería, lo que le da tiempo para ver televisión. En este día los padres de Carlos habían pensado salir con amigos y dejar al niño al cuidado de su abuelo paterno. Carlos llora, se abraza a las piernas del padre y, como consecuencia del berrinche, tiene vómitos y le duele la barriga... Los padres anulan la salida. *Resultado parcial de la semana: Carlos 4 - Padres 0.*

El jueves, a la salida del colegio, la madre lleva a Carlos a la biblioteca. es evidente que Carlos no va a dejar de poner a prueba la firmeza de su madre, así que se empeña en ir al parque. La madre le dice que irá a la biblioteca le guste o no. Carlos le grita «¡estúpida!». La madre pierde los papeles y le da un bofetón. Carlos llora con todas sus fuerzas y la madre se lo lleva de la biblioteca para no molestar. ¿Adónde? Pues al parque. *Resultado parcial de la semana: Carlos 5 - Mamá 0.*

Es evidente que Carlos es quien dirige el rumbo de los acontecimientos en su familia. El que controla a dos personas adultas con las que convive en un mismo espacio y sobre los que ha aprendido a hacer valer sus deseos.

Algunos padres, como los del ejemplo, creen que si se muestran firmes dañarán a sus hijos en algún sentido. Otros dejan que el hijo tome partido de las decisiones que deberían tomar los adultos porque se sienten culpables. Pero en cualquiera de estas condiciones el hijo no está mejor sino peor. Estos padres suelen además entender la disciplina como una dinámica de premio/castigo, sin darse cuenta de que lo que falla no es la intención de querer educar sino el método, y la evidencia es que los niños están cada vez más agresivos, impulsivos, inmaduros y descontrolados. ¿Hasta cuándo? Pues probablemente hasta la adolescencia, si los padres no empiezan a plantear una disciplina firme. Veamos en qué pueden convertirse las quejas de los padres con el paso del tiempo:

- **Las primeras quejas de los padres:**

«Mi hijo no se quiere dormir temprano»
«Mi hijo no quiere comer»
«Mi hijo no quiere hacer los deberes»
«Mi hijo se enoja si no le compro lo que me pide»
«Mi niño me pega y me grita si no le dejo hacer lo que quiere»

- **Las quejas de los padres de adolescentes**

«Mi hijo lleva días sin dormir enganchado a internet»
«Mi hijo tiene problemas con la comida»
«Mi hijo ha dejado los estudios»
«Mi hijo me roba dinero»
«Mi hijo me ha pegado»

Obviamente no se trata de ser alarmistas, pero sí precavidos. Un niño que controla a sus padres también será un adolescente con problemas de conducta. Y es que a algunos padres no sólo les cuesta hacer que sus hijos aprendan de pequeños ciertas normas, sino que, con el paso de los años, suelen sentirse más desconcertados ante la capacidad de los hijos para hacer lo que quieren. La clave está en que la mayoría de los padres no saben cómo actuar frente a ellos. Desconocen qué reacciones pueden esperar de sus hijos o cómo prepararse para dar respuesta a esa reacción. Piensa en esto: ¿qué pasaría si como madre o padre supieras de antemano cómo va a reaccionar tu hijo? Sería como tener ganada la mitad de una carrera estando aún en la línea de salida.

Por ejemplo, un padre o madre que tenga un hijo de ocho años, si supiera que su hijo nunca le va a dar una demostración de afecto delante de sus amigos no se asombraría si recibiera a cambio una negativa o una actitud de indiferencia si se lo pidiera. Porque generalmente cuando se trata de un niño mayor de siete años, una demostración de afecto a la familia puede ser algo vergonzoso, así que hará lo imposible para no verse en esa situación. La opinión de la pandilla, el estatus conseguido frente al grupo, lo llevará a mostrarse generalmente más duro de lo que es.

Y ésta es la primera regla para llevar a cabo una disciplina positiva: exigir lo justo y lo correcto sin ir en contra de lo que el niño necesita para sentirse seguro.

Es evidente que una de las claves consistirá en conocer cuáles son los desafíos de crecimiento por los que atraviesan los niños desde que nacen hasta la preadolescencia, y de ese modo prever sus reacciones. Por ejemplo, si para un niño de dos años el desafío es conquistar su autonomía, será lógico esperar que se oponga a todo aquello que represente un límite cuando sale a explorar el mundo. Para uno de siete, cuyo desafío de crecimiento es demostrar a los demás lo que puede hacer, uno de los mayores miedos será sentir que no es idóneo o que fracasa. Por esa razón tal vez el niño de siete años no se rebele tanto a las normas, pero las retoque a su antojo hasta llegar a saltárselas si lo que está en juego es su imagen ante los demás.

He ahí la razón de adaptar la disciplina.

Y es que desde el nacimiento hasta la pubertad –según la teoría psicosocial del psicólogo Erik Erickson (1902-1994)– tu hijo pasa por cinco fases importantes de crecimiento, produciendo de este modo cambios y desafíos importantes en lo que se refiere a su desarrollo psíquico, emocional y social. Desde esta visión, cada etapa de la vida hasta la llegada de la adolescencia representa un desafío, un conflicto por resolver. Y como en todo conflicto siempre hay dos fuerzas en pugna, es lógico suponer que cada niño resolverá estos aprendizajes a su modo y en todos alcanzará una nueva definición de sí mismo. Digamos que cada niño hará su propia síntesis.

LAS CINCO FASES DE CRECIMIENTO BIO-PSICO-SOCIAL

- **La primera,** llamada fase del apego, es un período que abarca desde el primer minuto de vida hasta los dieciocho meses. En esta primera etapa de vida se siembran las semillas de la disciplina. La rutina de los horarios de dormir, comer, del baño..., los momentos que los padres dedican a fortalecer vínculos mediante juegos de comunicación sensorial y gestual con el recién nacido. En esta etapa los niños también aprenden qué personas colman sus necesidades físicas, psíquicas y emocionales, y es a ellas a quienes intentarán agradar en primer lugar. De hecho, es la fase en que el bebé necesita sentirse seguro para subsistir. Si lo logra, digamos que habrá conquistado lo que tenía pendiente en su agenda secreta y pasará sin problemas a la siguiente fase. Si no lo logra, tal vez experimente desconfianza y retraimiento, o tenga dificultades para relacionarse con otras personas diferentes de su familia.

- **La segunda,** es la fase de la exploración, que transcurre desde aproximadamente los dieciocho meses hasta los tres años de vida. En esta etapa la necesidad del niño de alejarse de su «central de alimentos y cuidados» (es decir de sus padres) para explorar el mundo es incontrolable. Si los padres se lo impiden, por lo que le pueda ocurrir, o es recibido con reproches cada vez que regresa, el niño se sentirá coartado. Por el contrario, si el niño es recibido con satisfacción, si no se lo incita a temer cuando intenta descubrir cosas nuevas y se siente confiado, se alejará sin otra limitación que regresar lo antes posible para ser abastecido y cerciorarse de que todo sigue en orden. La disciplina en esta fase sin duda estará marcada fundamentalmente por la observación de peligros, pero ha de hacerse de tal modo que el niño no se convierta en una persona miedosa y sin deseo de explorar. En esta etapa, también usará el lenguaje verbal de un modo cada vez más fluido para expresar lo que siente e interactuar con aquello que llame su atención.
- **La tercera** fase de crecimiento es aquella en la que el niño conquista la identidad. El período que abarca no es muy amplio, ya que sólo va desde los tres años hasta los cuatro y

medio. Durante esta tercera fase, después de haber puesto a prueba sus capacidades de exploración, el niño pasará de hablar de sí mismo como si fuera otro (ya no dirá por ejemplo: «Juan tiene hambre» cuando quiera comer), a definirse mediante identificaciones tanto con objetos animados como inanimados. Se trata de un año y medio marcado por miedos y dudas que en la mayoría de los casos se deben a una sola causa: descubrir quién es realmente. No es una tarea fácil para un niño en esta etapa darse cuenta de que él es una persona diferente del resto de la gente. Es una época caracterizada por el dramatismo y la búsqueda permanente del equilibrio entre su mundo interno y «lo que puede hacer fuera». En general, la indisciplina en esta etapa se caracteriza por frecuentes oposiciones, impulsividad, desafío y probar hasta dónde son capaces de enfrentarse a nuevos riesgos.

- **La cuarta,** también llamada fase de la industriosidad, que se extiende desde los cuatro años y medio hasta alrededor de los siete, es una etapa en la que el niño o la niña intentarán capitalizar las ganancias obtenidas en las etapas anteriores. Una época en la que desean mostrar cómo son capaces de llevar a cabo sus proyectos pero dejando la huella de su propia identidad, lo que les hará mostrarse competitivos, incluso contra los hermanos o los padres. Algo así como si mediante la competitividad pudieran ser cada vez más conscientes de sus facultades internas para dominar lo que encuentran a su paso. Se trata pues de una época en la que los niños se autovaloran permanentemente. Los padres necesitarán ser muy firmes en esta etapa ya que se trata de un período de preparación importante para que puedan adaptarse a los desafíos del mundo exterior.
- **La quinta,** la época en la que aparece la preocupación por los demás, y que abarca desde los ocho hasta los doce o trece años, es en la que el niño descubre que puede verse a sí

mismo tal como es a partir de la relación con personas de su misma edad. En esta etapa la pandilla no es sólo un grupo de amigos con quien compartir intereses comunes. La pandilla está compuesta por personas con las que tiene una fuerte empatía, y más aún si se trata de personas de su mismo sexo. Un período en el que también descubren qué posición ocupan en la familia y qué espera de ellos la sociedad, preparándose así para cuando llegue la adolescencia. En esta etapa la disciplina deberá está muy relacionada con la influencia que el grupo tenga sobre el niño, y habrá que reforzar la enseñanza de que debe respetar su hogar, a sus amigos y a sí mismo, y todo ello sin dejar de tomar sus propias decisiones o tener sus propias opiniones.

¿Por qué en cada etapa de crecimiento los niños necesitan de una disciplina diferente?

Es evidente que la necesidad de seguridad física y emocional de la primera fase no es menos importante que la necesidad de autonomía de la segunda; el reconocimiento de la identidad de la tercera; probar las propias habilidades de la cuarta, o salir al encuentro de los demás para relacionarse efectivamente de la quinta, aunque cada una defina etapas muy diferentes. Por ello, la disciplina necesita ajustarse a cada nueva realidad que al niño le toca vivir, de lo contrario el niño puede naufragar en estos aprendizajes vitales.

Sí, la disciplina es imprescindible para que el aprendizaje sea satisfactorio. Y es que si un niño naufraga en alguna de estas etapas y si no logra descubrir que puede sentirse seguro, o que es autónomo, o que es diferente de sus padres, por ejemplo, no se sentirá bien consigo mismo.

Por fortuna, si los padres detectan a tiempo que el niño no ha cumplido con esta agenda secreta, siempre podrán enseñarle a conquistar lo que necesitan. ¿Cómo? Sencillamente insistiendo en ello, porque si bien cada una de las cinco fases no son independientes unas de otras, en la siguiente siempre se puede acabar de conquistar lo que no se ha aprendido en la etapa anterior. Por ejemplo, si a un niño le cuesta lograr cierta autonomía porque sigue muy dependiente de los padres, será trabajo de éstos no apresurarlo para que se comporte con independencia sin antes hacer todo lo necesario para que él sienta que cuando se aleja no pierde el afecto y la atención de su madre. Es importante para los padres desmitificar la infancia y darse cuenta de que un niño puede tener suficientes motivos como para sentirse frustrado, desde experiencias que no pueden controlar, hasta sentimientos contradictorios debidos a la necesidad de adaptarse a los cambios. De ahí que sea tarea de los padres enseñar una disciplina que los ayude a conquistar aquello que necesitan para sentirse plenos y ser autónomos e independientes.

CLAVES PARA LLEVAR A CABO UNA DISCIPLINA BASADA EN LA NO VIOLENCIA EN LAS DISTINTAS ETAPAS DEL CRECIMIENTO

A la madre de Nuria le molesta que su hija llegue a casa a estudiar cada día con cuatro o cinco compañeras del colegio. Le quita tranquilidad, privacidad, pero hasta el momento, y después de casi cinco meses desde que empezaron las clases, todavía no lo ha hablado a solas con su hija, que tiene 12 años. Al contrario, cuando llega le llama la atención delante de sus amigas, con lo que la jovencita se comporta de un modo más y más rebelde. ¡Y no sólo llegando con amigas del colegio cada día, sino esperando que estén ellas para preguntarle a gritos a su madre: «¿Va a venir también hoy ese novio más joven que tienes ahora?».

Si deseamos que nuestros hijos aprendan lo que pretendemos enseñarles, la segunda regla de oro es hablar con ellos. No dar nada por sobreentendido. Escuchar atentamente lo que tienen para decirnos y decirles lo que pensamos, he ahí la clave. Porque ayudar a un niño a comportarse de una manera aceptable en la sociedad es un trabajo que dura tantas horas como las que los padres comparten con él. Ésa es la razón por la que una buena disciplina siempre debe ir acompañada de:

- **Una buena comunicación,** lo que consiste en observar, escuchar, y respetar tanto lo que los niños tienen para decirnos como lo que callan.
- **Respeto por la individualidad.** Un niño no sólo aprende a resolver sus problemas dialogando o mediante acuerdos, sino viendo a los adultos que lo respetan.
- **Coherencia,** no sólo entre lo que el adulto dice y hace, sino también entre las personas en quienes está a cargo su educación. Es fundamental que los padres sigan las mismas normas y transmitan valores semejantes. Si alguno de los padres no está de acuerdo con el otro en relación al manejo de la disciplina en el hogar, deberán conversarlo de manera íntima, sin desautorizar al otro delante del niño, ni involucrarlo en alguna discusión que surja de esta situación.
- **Diálogo, paciencia, constancia,** haciendo hincapié en las consecuencias de los actos negativos más que en la no repetición del acto en sí.
- **Afecto.** Las investigaciones indican que los padres efectivos permiten a sus hijos ser más autodependientes, autocontrolados y positivamente curiosos que aquellos niños criados por padres que castigan, son demasiado estrictos (autoritarios) o que les permiten todo. Los padres efectivos operan bajo la creencia de que tanto los niños como los

padres tienen derechos y que las necesidades de ambos son importantes.

- **Firmeza.** Es decir, no cambiar una enseñanza por otra según el estado de ánimo de los padres ni dejarse llevar por los caprichos de los hijos.
- **Positividad.** Los niños son más receptivos para «hacer» lo que se les indica si se resaltan los logros más que los fallos.
- **Explicaciones.** No sólo para que comprenda el porqué de una norma sino para prevenir situaciones peligrosas, para que entienda que hay un límite entre su libertad y la de los demás, entre otras funciones.
- **Objetividad.** Lo que se desaprueba es la conducta, no al niño. Es necesario dejar claro que la desaprobación no está relacionada con su persona. No le estamos rechazando, lo estamos educando.

Los padres siempre deben controlar sus emociones para llevar a cabo una disciplina positiva

Los investigadores señalan que cuando los padres están muy enojados castigan más y son más propensos a ser verbal y/o físicamente abusivos con sus niños. La calma, por el contrario, no sólo permite centrarse en una disciplina más efectiva, sino pensar antes de actuar. Incluso tomarse unos segundos para respirar profundamente y detenerse a observar «¿qué sucedió realmente?». Todos los niños necesitan que sus padres sean una guía fiable, pero no necesitan ser niños perfectos para que sus padres los acepten. Pueden cometer fallos y errores. Por esa razón, una actitud relajada frente a los conflictos no sólo permite una atmósfera más agradable sino una mayor cooperación por parte de los niños. No hay que olvidar que la oposición es más frecuente cuando en el ambiente hay tensión y dramatismo. Los niños sobreestimulados por un clima de tensión son más difíciles de controlar, porque el objetivo prioritario es liberarse de la tensión acumulada, y la manera de sacar la acumulación de tensión es desobedeciendo, desafiando, oponiéndose... Hay niños que experimentan rabietas frecuentes o desafían simplemente porque viven en un clima donde los niños y los adultos se retroalimentan negativamente. Procurar una evaluación comprensiva y una respuesta pensada ante un conflicto puede ayudar mucho a que los niños aprendan a ser disciplinados como una forma de vida natural.

«¡HOLA, YA ESTOY AQUÍ!»

DISCIPLINA DESDE EL NACIMIENTO HASTA LOS 18 MESES

«¿HAY ALGUIEN EN CASA?»

Aunque a muchos padres les parezca sorprendente, la disciplina no es una asignatura con una serie de normas que hay que repetir hasta el cansancio; es un estilo de vida. Es una actitud que se transmite, incluso desde el primer contacto entre la madre y el hijo. Y es que cuando la base de la disciplina se arraiga en la creencia de que todos los integrantes de la familia son importantes, y que todos necesitan respetarse y ser respetados no es complicado transmitirla. De hecho, es en esta primera etapa cuando ésta se cimienta, por ejemplo mediante los hábitos rutinarios, mediante el contacto táctil, o la exploración olfativa y visual, y porque es en esta etapa cuando aprenden que a cada acción le sigue una consecuencia...

Los instantes posteriores al nacimiento son importantes en este sentido porque no sólo se reducen a que el bebé deja[1] un lugar cálido y acogedor sino que pasa por un lento despertar en el que paulatinamente también siente la imperiosa necesidad de adaptarse a un espacio diferente. Hay ruidos, calor, frío, tal vez dolor... En ese mundo, en el que lo esperan mamá y papá hay además otras sensaciones físicas y emocionales. Según lo rápido o lento, lo difícil o fácil que haya sido el parto, el recién nacido descubre por ejemplo que no es tan fácil conseguir provisiones, así que es hora de poner en marcha los reflejos para succionar y aferrarse... El único objetivo de estas primeras horas es sobrevivir y el cuerpo es su medio para «pedir» lo que necesita. Su cuerpo y el llanto, claro. Si lo que desea es alimento, se moverá inquieto, estirará los brazos y llorará de un modo más insistente, urgente y agudo que cuando necesite un abrazo. Cuando el hambre haya sido saciada, pero no quiera dormir, probablemente emitirá un quejido ronco e intermitente para indicar que aún quiere estar despierto. Y cuando algo le duela, tal vez llore o gima de un modo continuo, intenso y alarmante, mientras con su cuerpo enviará a sus cuidadores otros mensajes, como fastidio, tranquilidad y satisfacción...

Si este primer «encuentro» con el mundo y con las personas que están a su cuidado es satisfactorio, el bebé seguirá usando códigos similares y definidos para pedir atenciones emocionales, físicas y de contacto.[1] Mediante la rutina, los padres van también descubriendo dichos códigos. Un proceso lento en el que los padres y el hijo establecen un «diálogo» que facilita al bebé la conducta positiva y el futuro deseo querer pertenecer a su familia.

Algo a tener en cuenta

Es importante que los padres integren la disciplina desde los primeros meses de vida, mientras se esfuerzan por conocer el

1. El contacto físico y emocional es lo que los bebés necesitan fundamentalmente para sobrevivir, mucho más que el alimento. El famoso estudio realizado con monos por el psicólogo Harry Harlow así lo demuestra. Después de elegir a una camada de monos recién nacidos los ubicó junto a dos «madres sustitutas»: una, construida de alambre, que proporcionaba alimento y, otra, construida de tela. Los monos tendían a ir a la segunda porque les proporcionaba calor, incluso cuando se sentían asustados o después de estar unos breves instantes con la otra tan sólo para comer.

temperamento del niño. Mientras el bebé come, es cambiado, aseado, acunado, mientras él comprende que tiene un lugar en el grupo y muestra una forma particular y única de comportarse, los padres descubren una excelente vía de conocimiento: la observación. El modo particular de moverse, de comer, una posición preferida para dormir, de cerrar el puño (con el pulgar dentro, o con el pulgar fuera), el modo de succionar, o de chuparse un dedo o una parte determinada de la mano dan pistas de cómo es el nuevo integrante de la familia. No en vano, a medida que los padres descubren estos y otros aspectos, el compromiso y la atención que se les presta al bebé también son mayores, lo que les permitirá con el tiempo a los padres conocer poco a poco otras señales más sutiles, no sólo gestos de placer o desagrado sino un lenguaje corporal que, en su conjunto, hablará de cómo vive el bebé cada una de las experiencias. Se trata pues de un modo de estar juntos mediante una comunicación natural.

¿CÓMO INTEGRAR AL BEBÉ SIN DEJAR A UN LADO A LA PAREJA?

Para muchos padres y madres el nacimiento de un niño equivale a tener permanentemente interferencias. Lo que estos padres desconocen es que cuanto mayor es la atención concentrada que se le presta a un niño dichas interferencias disminuyen.

A diferencia de lo que comúnmente se cree, la disciplina positiva –y que se da sólo cuando los padres son conscientes de que jamás ha existido ni existirá un niño igual, debido a que se le presta una atención concentrada–, también ayuda al hijo a que se adapte más pronto. Exactamente lo contrario a lo que sucede cuando los padres se empeñan en que el bebé siga el ritmo de los adultos o se comporte como ellos esperan.

Si el bebé siente que puede depender con confianza, porque su supervivencia está garantizada, porque las señales que envía son fácilmente comprendidas y atendidas, a los padres no les costará tanto saber distinguir cuándo algo al niño le da placer y cuándo no: sencillamente porque al haberse compenetrado con él la relación es mucho más armónica..

Ahora bien, durante los primeros tres meses el bebé pasa mucho tiempo durmiendo porque está dedicado exclusivamente al afianzamiento de la vida. Es importante que los padres se tomen unos minutos para reforzar la comunicación, hablándole como en un susurro, en especial la madre, ya que para él es un timbre de voz conocido desde antes del nacimiento.

Si vuestro hijo está despierto, cada vez que le habléis, además de no utilizar un tono demasiado agudo que podría asustarle, hacedlo mirándole a los ojos, buscando su mirada. Este «entrenamiento» que comienza primero por parte de los padres tiene como objetivo afianzar la relación.

En efecto, la mirada es un medio de comprensión inmediato entre padres e hijos, especialmente cuando los niños adquieren nuevas capacidades, y no importa si el bebé aún no busca la de los padres. Él lo aprenderá poco a poco. Un ejercicio que ayuda a que ello ocurra a una edad temprana consiste en sentarlos de frente, sobre las piernas, con la nuca apoyada en la palma de la mano y sosteniéndole la cabeza con los dedos también a la altura de la nuca. La musicalidad de las palabras del padre o la madre y el contacto ocular (que en esta etapa por parte del bebé será mínimo) afianzan el vínculo emocional no sólo para el bebé sino también para los padres. (Un método infalible para que los padres tomen conciencia de que el hijo real se va abriendo paso ante el hijo ideal con el que soñaron durante los meses de embarazo.) De hecho, esto es algo que conviene no olvidar, ya que de ahí parte la fortaleza del vínculo y lo que permitirá una comunicación fluida entre ambos progenitores y el nuevo integrante de la familia.

El vínculo

El vínculo entre el hijo y los padres es algo que se inicia en el momento del parto. Si bien es cierto que lo inaugura la relación con la madre, luego los vínculos se extienden también a otras personas, aunque dependerá del tiempo y la calidad del contacto para que se afiancen. Durante los primeros meses, no hay que olvidar que para la madre el hijo es una prolongación de sí misma, por lo cual muchas veces tendrá un trabajo psíquico importante: reconocer las necesidades del niño sin confundirlas con las propias. Algo de lo que no se librará tampoco el papá si pasa mucho tiempo con su bebé. He oído decir a madres primerizas a sus preciosos bebés «Lloras porque no quieres dejarme tranquila, ¿verdad?».

MEDIA DOCENA DE COSAS QUE PUEDES HACER CADA DÍA PARA FOMENTAR UNA RELACIÓN BASADA EN LA SEGURIDAD

Obviamente, cualquier padre o madre podría, con justa razón, afirmar que durante los primeros meses que el bebé está en casa, la comunicación con el pequeño es compleja ya que no siempre es fácil saber qué les sucede. Lo que no saben es que observarlo, tanto cuando está tranquilo como cuando está inquieto, es la mejor forma de conocerlo. Sí, observarlo con profunda atención y un respetuoso sentido de compromiso. Porque la mirada materna y la mirada paterna constituyen uno de los mejor canales para transmitir afecto y valores…

Éstas son otras de las claves para que tu hijo logre la seguridad que tanto necesita en esta etapa:

- **Ríete con él.** Reír con el bebé es una experiencia que a los pequeños les encanta, porque la risa de mamá es un sonido agradable, conocido y que da seguridad…
- **Dile cuánto te gusta.** Las cualidades que la madre ve en el hijo pueden convertirse en semillas preparadas para germinar si se le dicen con amor. Por esa razón deben ser cuidadas y regadas todos los días, y cuando antes se empiece mejor.
- **Dedícale tiempo.** Algunas veces, el tiempo tiraniza tanto que no hay ni un momento para sólo «estar» en compañía del bebé, «estar» sin otra preocupación que disfrutar de él.
- **Bésalo, tócalo y acarícialo a menudo.** Esta forma directa que tienes de expresarle a tu hijo tus sentimientos, no sólo lo ayudará en su crecimiento físico sino que es vital para su seguridad emocional. No se trata de abrumarlo con efusiones de afecto, sino de que el bebé sienta que la madre y el padre están cerca.
- **Cántale.** Tu bebé conoce tu timbre de voz. Para él es un sonido que le transmite tranquilidad y seguridad. Hazlo en un tono más grave que agudo y suave, incluso lento, al menos durante los primeros meses.
- **Obsérvalo.** Déjate llevar por el placer de «escuchar» lo que tu bebé te quiere decir con su cuerpo. No importa que no comprendas parte de sus mensajes, porque cada vez que le regalas tu atención estás descubriendo y afianzando la comunicación no verbal.

¿Los sabías?

Los bebés cuya madre o padre no les prestan suficiente atención no aprenden a consolarse fácilmente. En los casos en que el bebé no es mirado, a menudo tiende a rechazar el contacto, se muestra fastidioso y no desea ser abrazado, ¡y aunque sólo tenga dos meses! Y lo mismo cuando en el hogar hay un clima de tensión y al bebé no se le mira ni se le habla o se le toca. Entonces él está más inquieto. La razón no es otra que el hecho de que a partir de los veintiún días los bebés miran a los adultos. Se ha comprobado que los bebés, si bien mantienen los ojos abiertos durante la lactancia, no miran a su madre en esos momentos, pero sí lo hacen a partir de los veintiún días.

Claves para fomentar una disciplina positiva desde los cero a los tres meses:

- Respetar las horas de sueño del bebé
- Satisfacer sus necesidades físicas y emocionales
- Respetar sus horas de comida e higiene
- Disfrutar de su compañía
- Respetar su espacio

DISCIPLINA DE LOS TRES Y CUATRO MESES

¿Hay alguna diferencia entre un bebé de tres meses y uno de cuatro en lo que a disciplina se refiere? Tal vez en apariencia no, pero lo cierto es que él está más atento a lo que ocurre en su entorno. A partir del tercer mes, cuando los períodos en que están despiertos se prolongan, los bebés experimentan muchas posibilidades con su cuerpo y afinan mucho sus sentidos. En estos meses, a la mayoría de los bebés les gusta mirar objetos brillantes que llaman su atención a una distancia no superior a veinticinco centímetros, ¡incluso pueden seguirlo con la mirada si éstos se desplazan horizontalmente! También se muestran más hábiles en girar la cabeza hacia un lado y hacia otro intentando identificar la procedencia de algún sonido... Lo que equivale a decir que se dedicará en mayor medida a experimentar no sólo nuevos movimientos y percepciones sino emociones y sensaciones que el medio le provoca. Es importante que el ambiente del hogar sea tranquilo. También a los tres meses aproximadamente, los bebés buscan reconocer la expresión de los adultos, y aparece lo que se conoce como la primera sonrisa dirigida que indica que el bebé ya interactúa con el padre y la madre. Es decir: responde ante un estímulo de un modo diferente de como lo venía haciendo hasta ahora. Este «inicio» de comunicación en el que el bebé claramente interviene,[1] en el que no es ya un receptor pasivo, demuestra que ha conquistado una nueva capacidad: mantener una observación más atenta respecto de las reacciones de quienes le rodean. Como emisor activo, esta primera respuesta frente a un estímulo ciertamente surge a partir de la visión global del rostro de la madre u otro adulto visto de frente y en especial por el movimiento de los ojos, la nariz y la frente. También se ha comprobado que si la persona es vista de perfil, la reacción de los niños de esta edad no es la misma. Se trata pues de una etapa en la que esta sonrisa es una respuesta general, pero después sólo la reservará para la familia. En sus intercambios de miradas y de estímulo-respuesta con la madre será también más activo. De ahí la importancia de que cuando le habléis lo hagáis de frente. Si por ejemplo vuestro hijo o vuestra hija reconoce que mantenéis un actitud relajada, con la boca abierta y una expresión sonriente (no rígida, con la boca cerrada y apretada), y una mirada que transmita interés y entusiasmo, estará sin duda más atento y aprenderá a usar mejor sus sen-

1. Según la teoría del psicoanalista R. Spitz, la sonrisa es en este sentido el primer intento de socialización, que si bien se produce alrededor de los tres meses en un niño que nace a término, en el caso de que haya sido prematuro lo hará tal vez a los cinco meses, dependiendo siempre de la madurez del niño. Por último, según el autor, los otros dos intentos de socialización son: *la angustia del octavo mes,* al ver un rostro extraño, y el «*no*» como primera palabra que el niño aprende para defenderse ante las prohibiciones, alrededor de los dos años.

tidos para captar vuestros mensajes afectivos intentando copiar naturalmente vuestra expresión. Y, por supuesto, os sonreirá, ya que por ahora éste es el único modo que tiene de responderos «intencionalmente».

¿Qué sensaciones producen en los bebés los cambios de tono de la voz materna?

Si cuando os referís a acciones usando frases como «Ahora duerme...» «Ven, vamos a comer» «Vamos a darnos un baño», al cabo de un tiempo el bebé relacionará esos sonidos con «hacer algo». Si hay un cambio de tono, más agudo o más fuerte que lo habitual, o bien si arrastráis la última sílaba denotando cansancio, abatimiento o aburrimiento..., a esta edad si bien no sabrán exactamente qué significan esos cambios de tono, sí son capaces de reconocer que algo diferente sucede, y reaccionará de una forma definida, negándose a dormir si observa que la mamá está tensa o negándose a comer... En la mayoría de los casos, cuando los bebés rechazan comer, dormir, o el baño, no hay que pensar que no les gusta, sino que en algún momento no se sienten seguros o cómodos. A veces estas conductas suelen ir acompañadas de diarreas o estreñimiento, o bien pueden desarrollar actitudes ambiguas: como aferrarse en exceso debido a la sensación de abandono que experimentan –por ejemplo al ser separado del pecho de la madre– o bloquear sus expresiones y retraerse. Algunos bebés llegan incluso a rechazar el contacto con los padres en los momentos en que éstos están más predispuestos a darle afecto y atenciones. Algo así como si por una parte no dudara en vincularse buscando calor y afecto, pero se desvinculara de inmediato apenas vuelve a percibir que esas personas que lo cuidan no son fiables a la hora de satisfacer sus necesidades. A veces, cuando los padres continúan durante mucho tiempo inmersos en sus problemas y no captan adecuadamente a las señales que el bebé envía reclamando atención, él traduce este «abandono» como un «peligro para su supervivencia» y puede reaccionar con más gritos y llantos demandantes para averiguar si algo en el ambiente cambia, a fin de que sus necesidades sean satisfechas.

Claves para reforzar una disciplina positiva entre los tres y los cuatro meses

Además de lo anterior, en esta etapa:

- Háblale en un tono de voz suave
- Míralo de frente y a los ojos
- Respeta la hora de los juegos

DISCIPLINA DE LOS CINCO Y LOS SEIS MESES

Cuando los bebés ya tienen cinco o seis meses, el intercambio de miradas que realizan con sus padres y otros adultos es continuo; también su capacidad para promover reacciones y obtener una respuesta de los adultos. ¿Quién no ha escuchado a los bebés emitir un sonido y repetirlo hasta el cansancio? O cuando se divierten emitiendo sonidos contrastantes, por ejemplo uno más agudo y otro más grave. Si la madre y el padre reaccionan positivamente, el bebé se esforzará de inmediato en emitir otro más fuerte o más estridente. Ésta es una señal de que el bebé ha entrado en la etapa de la repetición. En ocasiones, cuando la empatía de la madre con el niño es intensa, puede suceder que incluso manifieste mediante su lenguaje corporal su entusiasmo y que hasta se esfuerce. Más aún si es la madre la que repite los sonidos que el bebé va descubriendo. Entonces el bebé no dudará en producir otro, y otro, hasta cansarse… Obviamente no significa que estas acciones no sean promovidas accidentalmente, pero él estará especialmente atento a las reacciones de los adultos, lo que significa que hay estímulos provenientes del mundo exterior que llaman su atención.

De hecho, es a partir del quinto o sexto mes cuando el bebé pone además a prueba las habilidades psicomotrices (como levantar las piernas alternativamente o ambas a la vez, estirar y encoger los brazos, girar su cuerpo poniéndose boca arriba o boca abajo...), que también repetirá según la respuestas que reciba del entorno. Por ejemplo, si llora y descubre que la madre se alarma, lo seguirá haciendo a fin de comprobar que es capaz de producir reacciones repetitivas pero también porque le divierte ser él quien genera cambios en el medio. Es decir, está observando que existe una relación directa entre sus acciones y las acciones que realizan los demás. Por esta razón, a partir de estos meses es muy importante que los padres controlen sus respuestas (especialmente aquellas que son intempestivas) a fin de que el bebé no crea que es él el causante de vuestra tensión, desinterés, aburrimiento, o cualquier otro sentimiento negativo.

Por esa razón, ¡fuera lo de «el bebé no entiende»!, porque el bebé puede cambiar su humor y su estado global según el ambiente donde se encuentra. Algunos padres, por ejemplo, piensan que cuando hay algún problema que resolver y están más tensos que de costumbre, el bebé los boicotea, está más lloroso e incordia más que de costumbre. Pero ésa no es la causa, sino que a esta edad los bebés perciben especialmente cualquier desequilibrio en el hogar. Y es que a diferencia de lo que ocurría meses atrás, donde él sólo reflejaba con su conducta sus estados emocionales, ahora vuestro hijo participa activamente de cuanto acontece a su alrededor debido a que es mucho más sensible y está pendiente de vuestros gestos y actitudes. Por tal motivo, en esta etapa deberíais estar especialmente atentos a las expresiones del rostro del bebé y a las señales que os envía mediante el lenguaje corporal, ya que también fácilmente se muestran tristes si hay algún tipo de desorden en la familia.

Algo para recordar

Los bebés necesitan disciplina, además mucho amor, entre otras cosas porque no saben ni pueden esperar, quieren la satisfacción inmediata de sus deseos. La rutina es una forma de transmitir disciplina, lo que le ayudará a ser más independiente a medida que crezca. Por esa razón, de lo que se trata es de «vivir naturalmente» lo que se quiere enseñar. Es difícil que el niño aprenda disciplina si su madre le da de comer a cualquier hora, lo baña en cualquier momento del día, o realiza ejercicios psicomotrices tan sólo cuando se acuerda…

Claves para seguir reforzando la disciplina positiva entre los cinco y los seis meses

Además de lo anterior…

- Repite sus sonidos para que él luego te imite a ti.
- Comparte con tu bebé actividades lúdicas siempre a la misma hora del día, por la mañana o por la tarde. Deja para la noche la suavidad de los masajes.
- Satisface sus necesidades físicas y emocionales.
- Disfruta de su compañía.
- Respeta sus necesidades y su tiempo para descubrir sus posibilidades.

DISCIPLINA DE LOS SIETE A LOS OCHO MESES

A partir de los siete u ocho meses la mayoría de los bebés empiezan a descubrir que son «alguien» diferente de sus padres y de cuanto le rodea. No puede decirse que para ellos sea una época fácil. Algunos padres con hijos de siete, ocho o nueve meses comentan que nuevamente han dejado de dormir por las noches porque el bebé llora, se despierta y quiere estar con ellos.

Todas estas conductas se deben a que a partir de los siete meses aproximadamente sucede otro cambio importante desde el punto de vista emocional e intelectual: se perciben separados de sus padres, lo cual les produce una fuerte sensación de angustia e indefensión. Por esa razón, ciertos métodos disciplinarios tiempo atrás, como dejarlos llorar hasta que se cansaran, producían a largo plazo un efecto devastador. No sólo porque los bebés lloraban más, sino porque se sentían más solos y abandonados.

Sin duda, a los padres les puede parecer extraño, porque ven que el hijo parece en otros muchos aspectos más seguro de sí mismo. También se muestra interesado en investigar, alcanzar y manipular aquellos objetos que llaman su atención, ¡y hasta puede, con un poco de esfuerzo, pronunciar dos o más sílabas diferentes! Sin embargo, a pesar de estas magníficas capacidades y de una incipiente actitud científica lo cierto es que para él los objetos y las personas existen sólo en la medida en que los ve. Si uno de los padres desaparece de su campo visual no será raro que el bebé llore, y lo mismo si un objeto que antes tenía en sus manos ha rodado hacia un sitio donde no lo puede ver. Esto se debe a que como para él lo que no ve no existe, su temor natural al abandono aumenta y, como es lógico, se siente mucho más desprotegido.

Algo a tener en cuenta

Como es fácil imaginar, este «inicio» de la noción de permanencia de los objetos y de las personas no sólo es clave desde el punto de vista intelectual (ya que le permitirá más adelante, alrededor de los dos años, alejarse de sus padres sin tener necesidad de verlos para descubrir el mundo que lo rodea y, mucho más tarde, conquistar el pensamiento abstracto) sino también lo es desde el punto de vista emocional. En la medida que él pueda comprender que su madre igualmente existe aunque no la tenga delante de sus ojos, el temor a perderla y la sensación de abandono disminuirá paulatinamente, por más que ahora llore con el único fin de buscar protección, placer y contacto físico como cuando sólo tenía una semana o unos meses de vida. Por esa razón, si bien en los meses posteriores este impulso primario a «aferrarse» a sus padres para sentirse seguro tenderá a disminuir, hasta aproximadamente los tres años es importante que los niños no sufran ninguna separación prolongada, ya que esto podría interferir negativamente no sólo en su desarrollo emocional sino también físico e intelectual.[1]

TRUCOS PARA AYUDAR A TU HIJO EN ESTA ETAPA

Los padres, obviamente, deberían ayudar al bebé a sobrellevar mejor esta etapa mediante ejercicios simples (como sentarlo en el suelo con un juguete, dejar que lo manipule, lo arroje y esconderlo juntos bajo un cojín, e instantes después descubrirlo, para que compruebe que el objeto sigue allí).

- No hay que dejarlo solo o con personas desconocidas mucho tiempo.
- Si por la noche grita o llora desde su habitación porque quiere veros, no dudéis en acudir a su lado, ya que a medida que el tiempo pase, mayor será su sensación de abandono.
- Algunos juegos basados en la comunicación no verbal favorecen especialmente a los niños para que se sientan seguros mientras dura la etapa de «lo que no se ve no existe».

1. Se ha comprobado que los niños que sufren una separación prolongada de su madre en esta etapa de desarrollo tienden a comportarse de un modo extremadamente dependiente incluso retrasando algunos aspectos de su desarrollo, según la teoría del apego de Bowly.

- Tápate la cara con las manos y luego descúbrete diciendo «Aquí estoy». Haz lo mismo con una sábana o jugando con sus manos.
- Permite que él vea cómo te escondes tras una puerta y cómo apareces de repente.
- Busca su atención moviendo las manos. Después, colócalas detrás de tu espada y muéstraselas nuevamente pero una primero y otra después.
- Coloca una sábana entre ambos y bájala lentamente hasta que te pueda ver.
- Muéstrale un juguete que sea de su agrado y luego colócalo detrás de él, donde no lo pueda ver. Seguidamente, muéstrale dónde está.

Claves para mantener una disciplina positiva entre los siete y ocho meses

Además de continuar con lo anterior:

- Enséñale que puede jugar en su espacio sin tener necesidad de que estés delante todo el tiempo. Esto es básico para que aprenda a comportarse bien aun cuando no estás con él.
- Dedica más tiempo a jugar con él pero también háblale desde otra habitación, o canta para que te oiga estando ambos en sitios diferentes de la casa.

DISCIPLINA DE LOS DIEZ A LOS ONCE MESES

Entre los diez y once meses, la mayoría de los bebés dejan de llorar cuando no ven a la madre o al padre. Esto se debe a que están comprendiendo que no ocurre nada especial cuando los padres se alejan un rato, porque después vuelven. En este sentido, una prueba muy fácil de realizar para saber si está superando mejor esta etapa consiste en esconder un objeto debajo de un cojín o detrás de él. Si veis que busca en el lugar adecuado es que está empezando a comprender que nada malo le sucede cuando no te ve.

A esta evolución de sus capacidades hay que agregar que, por lo general, los padres suelen sorprenderse al ver que sus hijos tienen además una gran capacidad para comunicarse con personas diferentes y han adquirido mucha madurez desde el punto de vista psicomotriz.

Algunos niños ya caminan en esta etapa, lo que les permite descubrir cada día magníficas posibilidades. Para los padres es como si su hijo hubiera madurado rápidamente en pocas semanas y ahora fuera capaz de comportarse como un niño mayor. Pero no lo es. En realidad está disfrutando de sus nuevas capacidades y aprendiendo a alcanzar determinados medios para obtener un fin. Del mismo modo que el bebé se valdrá, por ejemplo, de una varilla para alcanzar un juguete que se encuentra lejos, desde el punto de la relación con los padres manifestará con más claridad afecto y rechazo.

La mayoría de los niños a esta edad empiezan a apartar bruscamente a aquel progenitor con el que sienten menos afinidad para arrojarse a los brazos de aquel con quien se sienten más seguros. Es evidente que el único interés que persiguen es tener la exclusividad de aquel que colme sus necesidades del momento, es decir, de juego, de afecto, o de alimento; siempre habrá uno de los padres que estará en inferioridad de condiciones en este sentido y que podrá sentirse especialmente rechazado. No es raro que en muchos casos el padre o la madre que ha sido apartado quiera instintivamente imponerse o llamar la atención del niño a cualquier precio o bien que opte por alejarse aún más. Pero estas actitudes reaccionarias y emocionales por parte de los adultos (que el niño traduce como «ahora me voy, ahora me quedo») pueden acabar repercutiendo negativamente en la relación con el bebé y en su disciplina, ya que como éste no tiene parámetros para saber por qué su padre o su madre tienen estos comportamientos contradictorios, irá a su aire.

Cuando los padres no entienden las preferencias afectivas del hijo.

Tened en cuenta que entre los diez y once meses, si bien muchas de las habilidades adquiridas hasta ahora el niño utiliza para aceptar nuevas relaciones, expresar sentimientos, e identificar a personas diferentes de sus padres..., emocionalmente continúa siendo un bebé, así que no intentéis acelerar ninguno de sus procesos internos ni exigirle que se comporte como un niño mayor. Preferir en esta etapa a uno de los padres es natural. En todo caso, aprovechad los instantes en que estáis juntos realizando por ejemplo actividades estimulantes, como imitar los sonidos que él hace, relacionar objetos con acciones («¡Mira cómo rueda la pelota!»). De lo que se trata es de mantener un clima lúdico en todas las experiencias en que los padres compartan con el bebé.

A veces, los conflictos no resueltos de la pareja o la baja autoestima de uno de los padres puede llevar a los padres en esta etapa del bebé a competir por el cariño del hijo. El problema es que mientras los padres centran su atención en ganar la batalla siendo más condescendiente que el otro, más comprensivo, más permisivo..., lo único que entienden los niños es que existe una absoluta falta de comunicación entre papá y mamá. Y es que aunque sólo se trate de episodios aislados, cuando una pareja pugna abierta o sutilmente por el afecto del hijo sin duda se genera un clima de tensión. Por un lado, porque para los niños resulta muy complicado contentar a dos personas que le dan mensajes distintos y, por otro, porque siempre la posesión del afecto es un modo de ejercer violencia. Aunque en ocasiones, competir por el amor de los hijos puede ser incluso «esperable» de una ruptura, lo cierto es que algunas parejas también lo hacen inconscientemente para autoafirmar su rol dentro de la estructura familiar. Algo así como si implicando a los hijos se consiguieran más aliados para seguir creyendo en el propio valor y mantener la seguridad personal. ¿Por dónde empezar? Sin duda buscando unos momentos para hablar con la pareja, entablando un diálogo sincero en el que tanto el padre como la madre sientan que pueden hablar de sus miedos. Más aún cuando el miedo a no ser querido por los hijos suele tener sus raíces en lo que los padres han vivido en su propia infancia. Finalmente, recordad que todos los niños muestran con naturalidad sus necesidades y preferencias, pero muy especialmente en esta etapa en la que empiezan a darse cuenta de que están separados del padre o de la madre. Lo ideal en cualquier caso es que ambos:

- Colaboren en las tareas relacionadas con la atención del bebé.
- Respeten que el niño desee la exclusividad de uno de los padres, no a la inversa.
- No intervengan ni a favor ni en contra cuando uno de los padres está llamando la atención al niño por algo que ha hecho mal.
- Se tomen tiempo para llegar a acuerdos básicos, a fin de hacer hincapié en que el bebé crezca y se sienta seguro, más que en satisfacer las propias expectativas.

Claves para mantener una disciplina positiva entre los diez y once meses

Además de todo lo anterior…

- Aceptar que tenga preferencias.
- Ser coherente en la relación que el bebé quiere establecer con el padre y /o la madre.

DISCIPLINA DE LOS DOCE A LOS DIECIOCHO MESES

Si bien es cierto que la mayoría de los niños ya saben andar y se esfuerzan por ser autónomos, lo cierto es que aún se hallan bastante limitados en otros aspectos, como la expresión mediante el lenguaje oral. Pero que nadie se deje engañar. Aunque el bebé no hable con fluidez, ello no significa que no comprenda mensajes como «Sí, puedes hacerlo», «No puedes hacerlo».

La madre y el padre empezaron a comunicarse tanto con el bebé, desde que éste tenía tres o cuatro meses, que a partir de los seis ya distinguía distintas entonaciones relacionadas con actividades, como las que indicaban admiración («¡Qué guapa eres!»), interrogación («¿Quieres jugar?») o afirmación contundente («La silla no se chupa...»). También a partir de esa edad o tal vez un poco más tarde, empezaron a desarrollar una especial capacidad para anticiparse a los hechos, por ejemplo, esperando que después de que le cogierais una mano le dijerais «Dame la otra», o bien cuando al acabar de comer le decíais «Es hora de dormir». ¡Así que si tu hijo se hace el distraído cuando le indicas que haga o deje de hacer algo, repítele lo que le has dicho y dale más tiempo! (Siempre que no se trate de abandonar una acción en la que esté en peligro.)

Por otra parte, a esta edad no les resulta complicado relacionar ciertas palabras con acciones conocidas (como «comer pan», «jugar con la pelota», «dormir en la cuna»), y muy especialmente cuando se refieren a acciones que ellos deben ejecutar: «Ten el libro» o «Mira el tren», siempre que sean breves y cuando se le indica primero la acción. Una prueba de que comprenden mucho más de lo que expresan es observando su lenguaje corporal. A esta edad es común que para manifestar su enfado o desacuerdo frunzan el ceño, tensen algunos músculos de la cara, simulen una expresión de llanto o aprieten fuertemente los dientes. Incluso, frente a algunos mensajes que rechazan especialmente (como «Abre la boca que te daré el jarabe»), podrán hacer exactamente lo contrario a lo que se les pide, mostrarse desafiantes, mirando fijamente, o bien manteniendo una expresión neutra, la expresión del «a ver qué pasa si...». En tales casos, ceder ante sus presiones puede ser un error grave por parte de los padres. Y es que a estas edades, a pesar de ser pequeños y ocupar poco espacio (sólo cuando están tranquilos) saben cómo arreglárselas para inventar estrategias que les sirvan para acabar haciendo su voluntad...

Perfectos detectives y expertos estrategas en captar las señales no verbales

Como seguramente ya habréis podido comprobar, todos lo niños llegan a este mundo con un increíble potencial. Un bebé de cuatro meses, por ejemplo, no sabrá el significado de las palabras que le dice su madre y sin embargo es capaz de relajarse cuando su madre le canta o le habla con ternura o de alterarse si su padre ha tenido un mal día en el trabajo y se dirige a él en un tono de voz diferente del habitual. Y lo mismo sucede con el bebé de dos meses que mientras es amamantado siente la rigidez de los brazos de quien lo sostiene y deja de succionar mostrándose inquieto. Sin contar que si en una breve fracción de tiempo descubre que estas quejas silenciosas no le sirven de mucho, al cabo de unos instantes tal vez empuje con la lengua la tetina o el pezón y grite o llore desconsoladamente.[1] En cualquier caso, el aprendizaje de señales no verbales del

1. Igual que un niño mayor descubre mediante los mismos métodos cuándo en un intercambio con el adulto predomina la indiferencia, el placer, la distancia emocional, el fastidio, o el verdadero interés.

primer año de vida es fundamental para transmitir disciplina a los niños. Un bebé de cinco meses descubrirá en un gran número de gestos y muecas de su madre un estado de satisfacción si mantiene la boca entreabierta, los pómulos elevados y la mirada luminosa. A los seis meses, las comisuras de la boca de mamá hacia abajo y hacia adelante lo hará sentirse inquieto, y cuando tenga un año o más incluso llegará a integrar y a combinar, acorde a su madurez, todas estas informaciones en fracciones de segundos.[1] Es importante, por esta razón, que durante toda esta primera fase de crecimiento vuestro hijo viva en un ambiente de tranquilidad, fundamentalmente porque mediante el diálogo no verbal los niños reciben mucha información, en especial aquella referida al estado emocional de las personas que los cuidan.

¿CÓMO LO HACEN?

A medida que crecen, y la capacidad de observación de tu hijo se afina y es capaz de realizar «lecturas no verbales», no necesita ser tenido en brazos para darse cuenta de si los mensajes que recibe son fiables o no, por la expresión general de tu cuerpo, el modo en que lo miras, la inflexión del tono de

1. Mucho antes de los tres años los niños saben que algo pasa si los padres les hablan a una distancia inferior de cuarenta y cinco centímetros sin tenerlos abrazados o manteniendo algún tipo de contacto físico. Además, saben que las distancias tienen otros significados: se acortan cuando se trata de una situación de enfado y se alargan cuando se les da una orden, o cuando los padres están molestos por algo que han hecho. A partir de los ocho años, cuando ya dominan en mayor medida el pensamiento concreto y poseen un mayor contacto con las propias emociones, si bien permanecen más atentos a lo que ellos tienen para decir, al intercambio de ideas, de opiniones y de otros puntos de vista, también están capitalizando lo aprendido en etapas anteriores. Algo así como si la percepción del lenguaje corporal aprendida y ejercitada durante años les proporcionara una mayor comprensión de los mensajes que reciben. Si perciben dos significados diferentes, el que se les dice verbalmente y el que se les transmite mediante gestos y actitudes, se dejarán llevar por el segundo, sencillamente porque de cada mensaje que damos a los niños sólo un veinticinco por ciento está compuesto de palabras.

voz... tu hijo descubre si puede o no confiar en ti, ya que si en lugar de recibir un solo mensaje coherente lo que capta son varias señales simultáneas y confusas no sólo se sentirá desconcertado sino que probablemente te rechace. Esto se debe a que durante todo este tiempo se ha estado entrenando para conocerte, un ejercicio de observación que perfeccionará cada vez más mientras siga siendo básicamente dependiente, es decir, hasta aproximadamente los seis o siete años.

Es como si tu hijo cogiera una cámara de fotos y primero sacara una instantánea en la que pudiera ver tu estado general, descubriendo si hay un estado de tensión o de natural relajación, ¡como si tan sólo con el negativo pudiera ver si lo que prevalece es una emoción negativa o positiva...! Después, el bebé intentará comprobar si eso que han percibido es verdad, entonces guiará el zoom de su cámara buscando otras imágenes que certifiquen la primera información obtenida. Se detendrá en las expresiones del rostro, en los movimientos corporales, en determinados gestos, por ejemplo, los que los adultos solemos hacer en la zona de alrededor de los ojos o de la boca cuando intentamos controlar emociones que no nos agradan...

Un niño de quince meses, por ejemplo, que escucha desde su habitación que su madre no se levanta como siempre y que además se desplaza con lentitud, conectará «sus radares». Cuando la madre entre en la habitación del pequeño, posiblemente con una sonrisa y le dé los «Buenos días» él sabrá que algo no va del todo bien. Más aún si la tiene delante y ve cómo la madre se esfuerza por disimular su estado interior, por la tensión en los brazos cuando lo coge, o un modo de mirarlo determinado, ya no dudará que algo no va bien. En tal caso, lo mejor que podría hacer esta madre, si supiera que está frente a un pequeño detective al que es difícil engañar, sería no esforzarse por ocultar sus emociones (sean las que sean) y mantener una actitud relajada. Sencillamente porque para los niños lo contradictorio, como una voz melodiosa y una expresión dura, por ejemplo, genera más incertidumbre, desconfianza y miedo, y hace que estén inquietos e inseguros. Más aún cuando incluso siendo pequeños saben si la emoción que sienten sus padres es intensa o leve, porque vuestro tono de voz es demasiado grave o demasiado agudo, porque cuando lo abrazáis lo hacéis de un modo más rápido, o más lento, o bien porque no colocáis las manos sobre su cuerpo de la misma forma que lo hacéis siempre para alzarlo de la cuna... Señales que posiblemente a vosotros os pasarían inadvertidas pero que para el bebé constituyen mensajes tan nítidos como los que decimos los adultos por medio de palabras.

Mantener un estado de ánimo tranquilizador incluso frente a situaciones conflictivas es por lo tanto fundamental durante esta primera fase en la que los estados emocionales del bebé dependen del adulto, algo que indiscutiblemente se sintetiza con la sigla RAP: es decir, que seáis con vuestro hijo *receptivos, abiertos* al diálogo tanto verbal como no verbal y que intentéis estar siempre bien *predispuestos.* De ahí que si son pequeños, lo primero que hay que hacer para «estar» con ellos en situaciones difíciles sea intentar encontrar ante todo calma interior, por ejemplo, respirando pausadamente para conseguir un tono de voz medianamente estable, no demasiado agudo, y poder hablarles pausadamente. También es importante cuando hables con él que busques el contacto con su mirada. Cuando sepa andar, si es necesario agáchate o siéntalo en tus rodillas para estar a su misma altura.. Intenta conservar una posición corporal relajada, pero no demasiado, ya que eso puede ser interpretado como desinterés. Las manos deben indicar tu estado de calma. Es importante no estar haciendo otra cosa mientras se le habla (como tocarte el pelo, tener los brazos cruzados sí puedes estar acariciándolo a él).

Saber escuchar cuando aún no hay palabras

Como os habéis dado cuenta, dar seguridad a vuestro hijo en esta primera fase de crecimiento no es difícil. Lo complicado es cuando los padres se comunican con el bebé según la perspectiva de los adultos. La conquista de nuevas habilidades y el modo en que el bebé interactúa con vosotros, constituye una de las piezas claves de la disciplina consciente. Y más aún, ningún padre malcría a su hijo por darle contacto, afecto y atenciones. Por ello, si os dais cuenta de que cuanto más los tenéis en brazos, más veces lo levantáis cuando llora, lo abrazáis, lo besáis, le habláis y estáis atentos a sus señales, el bebé se muestra más relajado y seguro, ¡seguid guiándoos por vuestra intuición! Fundamentalmente porque se trata de una etapa en la que los bebés transitan por cambios rápidos y vuestro hijo no tiene otra opción que depender de vosotros para poder subsistir tanto física como emocionalmente.

Considerad seriamente, incluso, que cuando la relación afectiva con un niño en esta fase es deficiente (no se le sostiene en brazos, no se mantiene un contacto estrecho, no se le habla ni se le demuestra un verdadero interés) porque los padres se dejan llevar por viejas pautas aprendidas, o bien porque les resulta difícil aceptar que el bebé tiene su propia personalidad, no es raro que el bebé se bloquee durante los intercambios emocionalmente y frene sus deseos de comunicarse tanto como su desarrollo.

Una madre ansiosa, en este sentido, ante el primer grito de hambre del bebé correrá a darle el biberón sin dejar que entre la demanda y la respuesta transcurra una mínima fracción de tiempo. Como su objetivo principal es que el bebé no llore, se apresurará a atenderlo impidiendo (sin darse cuenta de ello) que su hijo descubra qué emociones experimenta, ni tampoco le dará el espacio psíquico que necesita para comprender que entre su pedido y la satisfacción de su necesidad siempre existe un instante de espera (aproximadamente uno o dos minutos, no más, en el que él puede experimentar diferentes emociones e incluso tranquilizarse). De hecho, esta madre podría ser tan sólo una más de las tantas que ignoran que cuanto menos se le deja a un niño expresar sus sentimientos éste tiende a acumular cada vez más tensión, lo que tarde o temprano repercutirá en la relación con sus padres. Si por el contrario, esa misma madre durante este breve lapso de tiempo lo sostuviera en brazos y lo acurrucara contra su pecho, no sólo le estaría demostrando que puede tener emociones diversas ante una misma circunstancia, sino que éstas, sean de la índole que sean, son aceptadas. Sin contar que también le estaría enseñando a tolerar la frustración al permitirle descubrir por propia experiencia que nada malo ocurre cuando las respuestas no llegan de inmediato y que por ello no siempre la única posibilidad es sentirse mal cuando no se logra lo que se quiere.

Éste es uno de los motivos principales por el que los niños necesitan desde el primer instante de vida sentirse protegidos y seguros. En principio, porque la capacidad para tolerar la frustración, mínima en esta etapa, marcará el grado de ansiedad con que el niño responda ante los placeres y los peligros que deba afrontar. En segundo lugar, porque si la capacidad para tolerar la frustración es elevada, los niños aceptan fácilmente los cambios.

Ya sea que estén realizando pruebas tan simples como lanzar una pelota o tirar de una cuerda para que suene una música, como otras tan importantes para ellos como comer solos, controlar esfínteres o alejarse de su madre cuando están aprendiendo a andar, un alto grado de tolerancia a la frustración es lo único que les permitirá ser perseverantes sin dejarse arrastrar por reacciones desmesuradas debido a los cambios emocionales que experimentan.

ESCUCHARLOS CON EL CORAZÓN

Cuando escuchamos a los niños con el corazón, intentando descubrir cómo se sienten, no sólo estamos «participando» de su crecimiento sino que los estamos ayudando a que desarrollen nuevas habilidades. Alex tiene dieciocho meses, su hermano mayor le ha pegado. Llora desconsoladamente y se refugia en los brazos de su padre. Éste sabe que debe ayudarlo a expresar sus emociones, así que comienza a hablar con voz calma mientras lo mira comprensivamente a los ojos.

> El padre pregunta: ¿Ha ocurrido algo, verdad?
>
> Alex asiente con la cabeza. El padre espera unos segundos...
>
> El padre le pregunta: ¿Duele?
>
> Alex se toca el brazo y exagera una expresión de dolor. Su padre imita su gesto y lo abraza. Instantes después Alex está nuevamente correteando por toda la casa.

Este tipo de encuentros son sólo un ejemplo de lo que vosotros podrías hacer con vuestro hijo en una situación similar para suscitar confianza y para ayudarlo a expresar sus emociones. En etapas posteriores, cuando domine el lenguaje oral también podréis recurrir a frases del tipo «¿Qué hizo?» o «¿Qué dijo?», refiriéndoos al agresor. Podréis decirle: «Seguro que te enfureció que se comportara así. A mí me habría dolido mucho...», haciéndole ver que lo comprendéis. Por ahora, si bien es más fácil que él entienda exclamaciones cortas como «¡Oh!», otro recurso interesante es reflejar (imitar) sus gestos para que al sentir que sentís empatía con él os dé a conocer más sus sentimientos profundos. Los padres, aunque los niños pequeños no comprendan exactamente el significado de muchas palabras pueden responder con frases del tipo: «¡Tu hermano se enfadó! Seguro que te dolió que fuera él quien te hiciera daño». Aunque el padre no acierte a descubrir con exactitud lo ocurrido, lo importante es el tono de voz con que le habléis y que intentéis comprender lo que él siente. Una vez que él haya expresado sus sentimientos, hacedle saber que apreciáis su esfuerzo y dadle las «gracias» por confiar en vosotros. O, simplemente, abrazadlo. En todo momento, lo importante es no exagerar ni minimizar ninguna situación cuando vuestro pequeño acude a vosotros, ya que en lugar de sentirse comprendido puede interpretar que lo que ha sucedido es realmente muy grave o que os estáis burlando de él, cosa que lo incomodará y entonces puede encontrar un nuevo motivo para enfadarse y llorar. Como sólo se trata de una forma de persuadirle para que comparta sus sentimientos independientemente de que no sepa hablar, y porque necesita comprender que tener miedo o sufrir por una caída es algo natural a todos los seres humanos, en ningún momento permitáis que se sienta inferior, por ejemplo con actitudes de sobreprotección o juzgándolo por lo que siente.

¿Qué confunde a los niños hasta los dieciocho meses?

A menudo, cuando las reacciones de los padres están condicionadas por sus propias expectativas, por un permanente estado de ansiedad y de preocupación respecto del bienestar del niño y por sus propias fluctuaciones emocionales, éstos se sienten indefensos debido a que perciben el mundo como un sitio peligroso. Algo así como si dijeran: «Si papá o mamá están intranquilos (y no están conformes, relajados, contentos) algo malo debe de suceder». Como la mayoría de los padres suelen confundir sus propios sentimientos, deseos, miedos e inseguridades con lo que sienten sus pequeños, no es raro que muchos de ellos acaben transmitiéndoles su angustia, impaciencia y expectación con mensajes del tipo «No corras, que te puedes caer», «No te juntes con ese niño, que te puede contagiar», «No comas con la mano, que te vas a enfermar». En términos generales, se trata pues de aquellos casos en que los padres proyectan sus temores en sus hijos. Los asustan con sus propios temores pero en otro momento pueden actuar de un modo extremadamente opuesto, transmitiéndoles a sus hijos que no son tenidos en cuenta e intentando que sean ellos quienes se adapten permanentemente a sus necesidades diciéndoles ante el mínimo problema «Hazlo, porque yo lo digo y basta», (cuando están ocupados con algo más importante y creen que pierden el tiempo si les prestan más atención). Como es fácil comprobar, tanto frente a unos como a otros mensajes, los niños no sólo acaban percibiendo una versión incompleta y parcial de la realidad, sino que no saben cuándo sus padres se mostrarán flexibles y cuándo intolerantes, lo que los lleva a estar permanentemente alerta debido a la ansiedad que también ellos experimentan.

Y lo mismo si uno de los padres le habla en un tono de voz suave y afectuoso pero se contradice con una expresión dura en la mirada y movimientos tensos cuando es tocado. Cosa que no es raro observar cuando el bebé llora desconsoladamente y los padres están agotados y abrigan así sentimientos ambivalentes respecto del hijo. En suma, cuando a los niños se les devuelve una imagen en la que no pueden confiar, tened presente que ellos automáticamente cerrarán todas las vías de acceso ante cualquier intercambio, en especial si detectan actitudes ambiguas por parte de los padres, es decir:

• cuando uno de los padres es poco exigente y el otro muestra actitudes hostiles y desaprueba constantemente al niño;

- cuando una misma conducta o actitud es unas veces castigada y otras ignorada por la madre, el padre o por ambos;
- cuando el niño ha vivido una experiencia y se le hace creer que ésta no ocurrió porque al adulto no le conviene;
- cuando se les responde frecuentemente con un silencio;
- cuando se les hace partícipes de conflictos y tensiones familiares.

Los niños, a diferencia de lo que nos sucede a los adultos, hagan lo que hagan, siempre son completos aquí y ahora, por eso no necesitan mostrarse de un modo especial para ser amados y aceptados. Si los adultos pudiéramos vivir como ellos en un total compromiso con el presente, sin expectativas que distorsionen nuestra visión de las cosas, al menos mientras compartimos sus experiencias, entonces todo volvería a estar en orden en nuestro interior.

Por esa razón sería conveniente que los padres se preguntaran cuán a menudo escuchan a su hijo, teniendo en cuenta su lenguaje gestual y su comportamiento.

¿En qué momentos? ¿A la hora de comer? ¿Antes de ir a dormir?

¿Cambia el interés hacia el hijo cuando éste no se comporta como los padres desean?

¿Es escuchado independientemente de lo que suceda a vuestro alrededor?

¿Cuántas veces al día es mirado directamente a los ojos?

¿El padre o la madre averiguan qué sentimientos expresa?

¿Reconocen alguno de los mensajes que él envía implícitamente mediante la posición de su cuerpo, sus gestos, su conducta?

Descubrir lo que tu hijo quiere decirte es la única vía mediante la cual te será posible crecer a su lado y, por supuesto, discernir qué es lo que realmente le preocupa, lo estimula y le importa...

LOS PRIMEROS PROBLEMAS

LOS BERRINCHES

Muchas madres con niños de un año o año y medio creen que los berrinches de sus hijos son incontrolables. Para saber hasta qué punto un berrinche es inmanejable, hay que diferenciarlos de una situación de descontrol producida por cansancio, hambre o porque el niño no se encuentra bien.

Dos historias muy significativas

Historia número 1: Es verano, pero llueve y hace frío. María, la madre de Aurora necesita salir, tiene prisa y se quiere llevar a la niña. Ésta quiere salir a la calle con shorts y sandalias. Su madre intenta ponerle un chándal, la niña se niega y, al final Aurora rompe en llanto, grita y se tira al suelo, dando patadas. Finalmente se lo pone por la fuerza y la niña llora durante todo el viaje, incluso el de regreso.

Historia número 2: Rubén es un niño de dos años ágil y fuerte. Le gusta subirse a las sillas y a las rejas. En el parque su madre le permite que trepe mientras ella lo vigila, está segura de su habilidad. Una tarde, Rubén va con su madre al supermercado y, en un instante, trepa a una de las estanterías. La madre se lo prohíbe y Rubén se desespera y se tira al suelo, llora a gritos.

¿Qué actitudes podrían tomar las madres de Aurora y de Rubén?
Es evidente que la madre de Aurora tendría que haberle comunicado a la niña con antelación que le cambiaría la ropa porque no deseaba que se enfriara. Después le tendría que haber avisado aproximadamente cada cinco minutos que dentro de poco tiempo iban a salir. Si Aurora se hubiera negado o por alguna razón hubiera mostrado un berrinche, la madre tendría

que haberse mantenido firme y esperar unos minutos hasta que la niña se calmase. Ya un poco más tranquila debía volver a explicarle que no deseaba que se enfermara.

A la madre de Rubén la única opción que le queda es tomar a su hijo de la mano, salir del supermercado e irse con él al coche y esperar que se calme. Cuando esté calmado podrá reforzar su confianza diciéndole: «Estoy segura de que trepas bien, pero mejor hacerlo en el parque. No lo hagas en el supermercado. Ahora vamos a regresar y no treparás, me ayudarás». Con apenas dos años, Rubén se siente muy importante porqué está ayudando a su madre en una tarea. Al final la madre lo felicita.

Antes de los dos años, los niños *suelen tener berrinches* porque están sobreestimulados. Por ejemplo, cuando se cansan de caminar, cuando hay mucho ruido, o cuando hay tensión en el ambiente... Lo que habrá que observar es qué situación el niño quiere controlar mediante berrinches o si lo que busca es satisfacer un capricho y consigue lo que quiere.

En cualquier caso, cuando el niño pequeño tiene un berrinche lo mejor es:

- Si está lejos de la casa, por ejemplo en un supermercado o en un restaurante, llévalo a un lugar donde puedan estar el adulto y él solos. Por ejemplo, al coche. El objetivo de estar solo con él es esperar que se calme. No se puede hablar con un niño si está nervioso, así que a lo único que puede aspirar es a la tranquilidad. Piensa que tu mensaje tendría que ser: «Te quiero mucho y no te voy a abandonar en este momento difícil pero no voy a permitir los berrinches».
- No lo dejes solo. Alguno padres creen que dejándolo solo se calman por sí mismos, pero lo cierto es que en la mayoría de los casos se bloquean porque se sienten abandonados.
- Réstale importancia al berrinche. No es el fin del mundo. Tu hijo

verá que tú estás allí, que lo acompañas físicamente. Mientras esperas que se calme, ponte a pensar en algo agradable, positivo y no en lo «insoportable» que se está poniendo tu hijo.

- Cuando veas que está tranquilo, dile –con mucha firmeza– que no puede portarse así y explícale brevemente lo que hizo. Inmediatamente distráelo con otra actividad..., algo que le guste, que él haga bien.
- Elogia sus esfuerzos.
- Avísale a tu hijo con tiempo cuando hay un cambio de actividad: «Dentro de cinco minutos vamos a dormir».
- Antes de ir a cualquier lugar público explícale a tu hijo cómo se debe comportar, lo que puede hacer y lo que no puede hacer. Haz que participe en la compra y que se sienta importante porque te está ayudando.
- Distráelo, dile lo que te gusta de él y dile que lo quieres.

EL NIÑO QUE MUERDE

Alex va a cumplir veintidós meses. Desde que tiene dieciocho muerde en la guardería donde su madre lo deja por las mañanas para ir a trabajar. A menudo «morder» puede ser una señal de que el niño tiene problemas emocionales o de integración. No obstante a veces los niños muerden porque imitan a otros, porque les duele la boca, porque es la única manera que tienen de defenderse... Es evidente que hay que ayudarlos cuando se trata de un acto persistente. Si se convierte en una agresión física frecuente y/o severa incluso puede significar que el niño necesita de una evaluación e intervención profesional, ya que puede ser un problema serio. A esa edad los niños tienen mucho contacto con sus iguales y se espera que ellos sean capaces de hacer amigos y llevarse bien. Cuando los niños comienzan a morder a los tres años, es probable que lo hagan cuando empiezan a estar con otros niños, a menudo para llamar la atención, o bien porque se sienten infelices por la separación, ansiosos o celosos. Otros niños muerden porque tienen una disciplina excesiva o severa o por haber estado expuestos a violencia física. Cuando lo hacen antes de los tres años suele deberse a que les duele las encías.

Qué hacer en el caso de un niño que muerde

- Inmediatamente dile «NO», en un tono calmado pero firme y que denote desaprobación.
- Después del año puedes decir a tu hijo: «No. Esto duele. Hace daño».
- Nunca muerdas a tu hijo para mostrarle lo que se siente. Esto le enseñará a tener un comportamiento agresivo.
- Si el niño continúa mordiendo a otros, no lo alces en brazos ni juegues con él por espacio de unos minutos. De ese modo comprenderá que no logra llamar tu atención.

PELEAS CON OTROS NIÑOS

Los niños necesitan tiempo para aprender a estar con otros niños. Necesitan conocerse y superar la timidez e inseguridad de las primeras experiencias. Los juegos con otros niños a menudo también incluyen las peleas, que no dejan de funcionar como aspectos importantes para la futura sociabilidad.

Cómo actuar ante una pelea con otro niño

- Si ves que tu hijo se pelea con otro y no hace daño ni se lo hace a sí mismo, primero espera, demuéstrale confianza en que va a hacer lo correcto dentro de los límites de su edad y nivel de desarrollo.
- No intentes que se comporte de un modo superior a su edad.
- Habla con tu hijo como desearías que te hablasen si te estuviesen regañando a ti. No recurras a gritarle o faltarle el respeto.

- Sé firme y di exactamente qué es lo que no deseas que haga.
- Enséñale a negociar y a ser flexible, lo que no significa que haga lo que los demás quieran.

NEGARSE A COMER

¿Sabías que si los bebés pudieran elegir su cantidad de comida siempre elegirían comer lo que necesitan? Durante los primeros meses, seguramente no tendrás problemas para darle a tu hijo alimento, ya que generalmente el bebé sólo toma leche, manzanilla o zumos. Pero ¿qué ocurre cuando empiezas a darle alimentos sólidos? Lo primero que debes saber es que un bebé, lo mismo que los adultos, también tiene sus preferencias. Es probable que las acelgas hervidas y trituradas sean un alimento que fácilmente rechace y que le encante la carne o el pescado. ¿Por qué no darle la verdura escondida en otra comida? Si te das cuenta de qué alimentos le gustan a tu hijo más que otros, podrás preparar un puré de zanahorias con unas hojas de acelga o espinacas, pocas, para que el sabor que predomine sea el del alimento que le gusta. Por otra parte, si bien los bebés se muestran al principio un poco reacios a las novedades, no dejes de insistir. Presenta la comida de forma atractiva. Y recuerda, lo que no hay que olvidar es que…

- El estómago de un bebé no puede aceptar demasiado alimento, y que también deberá comer con mayor frecuencia que los adultos.
- Nunca hay que obligar a un bebé, ni a ningún niño a comer por la fuerza.
- Debes darle de comer de manera natural, no te muestres ansiosa ni preocupada, ya sabes que los bebés son expertos en detectar los estados emocionales de la madre.
- Debes dejar que el bebé coma hasta donde él quiera, sin insistir.

• Tu hijo descubre muchas cualidades a través del tacto, así que déjale tocar la comida.

Cómo retomar la disciplina cuando no quieren comer

• Procura darle de comer a sus horas. Los niños necesitan un horario para sus comidas. Esto les ayuda a regular su apetito, y a mejorar su digestión.

• Siéntalo a la mesa. Esto es muy importante. En su silla pero a la mesa. Tanto el bebé, como el niño pequeño deben saber que hay un lugar para comer. No esperes que tu hijo se mantenga correctamente sentado durante toda la comida. A veces querrá que lo tengas en brazos. No se te ocurra correr detrás de tu hijo por toda la casa con la cuchara con puré de zanahorias en la mano. Tampoco le des de comer mientras ve televisión o está jugando. Él necesita saber que a la hora de comer sólo se come. Si se niega a comer permítele que juegue otro rato, unos minutos. Luego vuelve a intentarlo; si se niega nuevamente, déjale que juegue durante menos tiempo. Si se niega, déjalo sin comer hasta la hora de merendar, por ejemplo.

- Procura crear un ambiente agradable. La comida debe ser un placer, no una lucha, ni un momento donde representar verdaderos actos dramáticos. Pon música que a él le agrade, comed juntos con calma, cuéntale un cuento o simplemente conversa con él.
- Si un día no le gusta la comida no desesperes, porque tal vez al día siguiente esa misma comida sea su comida favorita. En cualquier caso, sírvele siempre raciones pequeñas y deja que sea él quien pida más.
- Permite que tu hijo coma solo. Sí, aunque se ensucie.

PROBLEMAS A LA HORA DE DORMIR

Cuando el bebé tiene tres o cuatro meses, los padres hacen todo lo posible para que duerma solo en su cuna y en su habitación. Lamentablemente no siempre los bebé acceden a ello sin poner a la familia «de los nervios». En algunos casos, el bebé desea dormirse en brazos; en otros, no les gusta la cuna; otros se despiertan frecuentemente y a menudo llorando. Muchos de estos problemas están relacionados con hábitos irregulares de dormir o con la ansiedad de irse a la cama y quedarse dormidos. En la mayoría de los casos es la «ansiedad por la separación» lo que les hace tener estas conductas, por lo que hacen todo lo posible por evitar la separación a la hora de acostarse. ¿Es suficiente en estos casos establecer rutinas y regular la hora de acostarse y de dormir para los niños? Probablemente no. Algunos padres encuentran a menudo que el bebé se duerme si lo mecen o si recibe alimento. Sin embargo, a medida que crece, la separación es cada vez más difícil. Los padres deben alentarlo para que se duerma sin mecerlo y sin alimentarlo para que aprenda a dormirse solo. ¡Porque el bebé debe aprender a dormirse solo!

He aquí algunas pautas claves:

• Cuando el bebé nace no sabe cuándo es de noche y cuándo es de día. Enséñale que ahora hay horarios. Porque lo cierto es que si bien todos los bebés duermen, no todos saben hacerlo bien. Hay niños que duermen de un tirón a partir del tercer o cuarto mes, mientras que otros son incapaces de mantener el sueño durante toda la noche, despertándose tres, cinco, o varias veces. Es verdad que el bebé puede despertarse por hambre, pero también porque necesite que se le cambien los pañales, o tenga cólicos…

• Al tercer o cuarto mes de vida, los niños suelen empezar a cambiar su ritmo biológico. Es decir van abandonando su ciclo de 3 o 4 horas de duración para adaptarse a intervalos más largos. Ellos duermen alrededor de 16 horas diarias, pero no hay reglas fijas. Cada bebé madura a su ritmo.

• El éxito depende de la repetición, de las rutinas, y de tener en cuenta que hay que ayudarlo entre otras cosas a diferenciar el día de la noche, el ruido del silencio, los horarios de comida, etc.

• También los niños y especialmente los recién nacidos lloran por diversas causas, no sólo por hambre, sueño, frío, calor, etc., por lo tanto ante el primer llanto no debemos correr a alimentarlo. Hay que descartar otras causas o ver si necesita contacto. Si el bebé se calma no es necesario darle de comer. Por otra parte es importante no acudir ante el primer llanto nocturno del bebé, porque a veces o están soñando o es un simple gemido y luego vuelve a dormirse.

• Intenta que tu bebé permanezca en lugares diferentes de día y en su habitación de noche. Por ejemplo que el niño duerma en cualquier lugar de la casa, en el comedor, en la cocina, incluso durante el día podrá dormir en el cochecito. No importa si en la casa hay ruidos, no es necesario que obligues durante el día a toda la familia a permanecer en silencio. Si hay que pasar la aspiradora, no es necesario suspender la tarea para que no se despierte. Tu objetivo es que diferencie el día de la noche, que lo normal es que de noche haya más silencio. Momento para el que hay que reservar la cuna. Por último, observa que esté cómodo cuando duerma, que no tenga frío ni calor.

- A veces es conveniente dejar a los bebés en la cuna en la noche aunque no estén dormidos. Ellos tienen que intentar conciliar el sueño por sí mismos.

«ADIÓS, ME VOY»

DISCIPLINA DE LOS DIECIOCHO MESES A LOS TRES AÑOS

Pablo va de un lado a otro en el parque. Toca los árboles, coge a puñados la tierra, se la tira en la cabeza, echa a correr para que su madre no lo pille y le regañe... Cualquier padre o madre que tenga un niño entre los dieciocho meses y los tres años en algún momento habrá pensado que no existe ninguna técnica de disciplina que pueda «parar» a su hijo. Y es que de todas las etapas de crecimiento por las que atraviesan los niños, esta fase es la que más desconcierta a los padres: la fase en la que los niños intentan conquistar su independencia. No sólo porque no les resulta simple aceptar que el bebé se ha convertido en una persona que desea alejarse para explorar el mundo, sino porque se dan cuenta de que lo que ayer les funcionaba para controlar las reacciones de sus hijos (el tintineo de un sonajero para llamar su atención, una expresión de seriedad para que se comportaran correctamente, o jugar con los movimientos de su cuerpo para distraerlos mientras se negaban a que les pusieran un pañal) ahora no les sirve en absoluto. Como si realmente se hubiera producido una explosión del crecimiento, en esta etapa disfrutan con actividades donde poner a prueba su capacidad para ser autónomos. Y esto ocurre a una velocidad tan vertiginosa que a los padres nos les da tiempo de adaptar la disciplina a la nueva situación.

Por esta razón, durante esta fase, lo importante es que los padres estén preparados para luchar contra la permanente oposición de los niños. Ningún niño en esta etapa va a dejar fácilmente de correr en un parque, va a claudicar ante la tentación de tocar cuanto esté a su alcance, de probar el sabor de la tierra de una maceta... Y lo positivo es que tengan estas inquietudes...

También es importante tener en cuenta que entre los dieciocho meses y los tres años ellos ponen en práctica su necesidad de reafirmar su posición frente al mundo, así que se valdrán de cualquier medio para salirse con la suya. Mediante gestos, señales y palabras defenderán su posición frente a otros niños y frente a los adultos. Ésta es quizá la razón más importante por la que los padres deberían tomarse esta etapa sin sobresaltos.

Recuerdo que cuando mi hijo contaba ya con dos años y medio tenía por costumbre arrojar al suelo con fuerza todo aquello que se resistiera a su investigación. Instantes después, se acercaba, caracoleaba alrededor del objeto en cuestión y me decía «Pobrecito, mamá, se ha caído..., voy a recogerlo...», y nuevamente comenzaba con su actividad. Estas actitudes, a menudo, etiquetadas por los adultos de antagónicas y contradictorias son absolutamente naturales y necesarias en esta fase. En principio, porque los niños no actúan acorde a las pautas de los adultos sino a las propias. Arrojar, recoger y decir una frase es parte del juego.

Sinceros desde que se levantan hasta que se acuestan

En esta fase un niño puede inesperadamente correr a abrazar a sus padres y dar honestas demostraciones de afecto y, acto seguido, rechazarlos porque están atentos a cualquier otra cosa. Ahora bien, aunque es verdad que para los padres este tipo de actitudes probablemente resulten incomprensible, actuar frente a estos exploradores incondicionales de un modo rígido es sin duda el peor error. La gran necesidad que los niños tienen de poner a prueba todo lo que saben y cierta incapacidad para controlar los propios impulsos sólo puede ser encauzada si se les ayuda para que tengan experiencias satisfactorias para que sean capaces de descubrir por sí mismos cosas nuevas, ¡más que condicionarlos con miedos y prohibiciones!

Pensad que si impedís a vuestro hijo que se comporte según su propia naturaleza, lo único que lograréis será infundirle inseguridad, incitándolo a que tal vez abandone una determinada actividad porque se le ha infundido temor, pero no por ello dejará de insistir en probar aquello que desea. (Por ejemplo: si su interés consiste en subir a aquellos sitios que están por encima de su campo visual para ver qué hay, tal vez en un momento dado no trepe a una silla porque se lo prohibís, pero insistirá subiéndose a los sillones, a una cama, a un banco y a la mesa si le es posible, así que lo mejor es ayudarlo para que lo haga sin que se haga daño.)

Cuando los padres vigilan y sobreprotegen, cuando no permiten que sus hijos lleven a cabo sus juegos y actividades exploratorias a su manera e intervienen constantemente, impidiéndoles que encuentren sus propias soluciones, no es de extrañar que los niños se muestren coléricos y fastidiosos, y que no quieran compartir sus juguetes y eviten aprender lo que sus padres quieren enseñarles, intentando encontrar mediante estas conductas la forma de experimentar, ensayar y examinar solos, apartándose del control materno o paterno: otra prueba irrefutable de que los padres extremadamente rígidos sólo logran reforzar miedos y conductas y sentimientos negativos.

Tal vez como madre o como padre en estas circunstancias interpretéis que vuestro hijo ha decidido fastidiaros. También es probable que, inconscientemente, en lo más profundo de vuestro corazón estéis sobreprotegiéndolo porque deseáis que él continúe siendo el bebé desvalido que fue para que os siga necesitando igual que antes. ¡Pero no servirá de nada! Si perdéis de vista las ansias de investigar, tocar, explorar e indagar, incluso la curiosidad, ¡trabajaréis el doble para poner un poco de disciplina en su vida! ¿Por qué no aprovechar esas tendencias para captar su atención y motivarlos para que aprendan a controlarse? ¿A que es para pensarlo?

UN REFUERZO BÁSICO: LA CONFIANZA

¿Verdad que después del nacimiento vuestro hijo ha tenido que hacer grandes esfuerzos para adaptarse y acomodarse a sus nuevas fuentes de provisiones? ¿Verdad que además ha tenido que aprender a estar lejos de mamá y papá sin angustiarse, a jugar de día y dormir de noche? ¿Verdad que ahora ya nada puede hacerle dudar que será cuidado, alimentado y querido? Entonces... ¿cómo no iba a arriesgarse a separarse un poco para explorar el mundo? Él desea descubrir todo lo que hay a su alrededor y hacer uso de su autonomía. ¡Para algo durante todo este tiempo ha estado adquiriendo confianza en sí mismo!

Y es que, contrariamente a lo que se pueda pensar, cuando se tiene un hijo en estas edades es necesario conocer que él desea estar a vuestro lado pero también anhela explorar y poner a prueba sus nuevas capacidades. Eso no significa que no desee estar junto a papá y mamá, él se atreve a alejarse, intenta hacer muchas cosas solo, pero eso no significa que no se vea obligado a luchar contra la permanente tentación de correr al regazo materno. Reflexionad seriamente sobre ello.

En este sentido, es importante que los padres no entorpezcan esta dinámica de alejarse y volver cuando el pequeño lo necesita. Para él irse significa autonomía, y volver, comprobar una y otra vez que todo sigue en su sitio cada vez que se aleja, por eso no debe haber reproches, miedos, mensajes ambiguos, ni actitudes alarmistas.

Esta fase de desarrollo podrá realizarla sin mayores inconvenientes y podrá descubrir sus increíbles capacidades si los padres le demuestran que confían en él. De hecho lo único que los padres deberían prever es que no haya peligros reales por donde el niño experimenta, porque en cualquier caso es mejor prevenir y poner límites protectores, que asustarlos o inhibirlos.

LAS ABSURDAS PROHIBICIONES

> Claudia se sube a los bancos del parque y su madre le da la mano. Claudia se la suelta intentando reivindicar su independencia. La madre le prohíbe subirse a pesar de que la niña de dos años y medio no está expuesta a ningún peligro si camina sobre un banco.

Ciertamente, no hay que negar que a muchos padres puede resultarles más fácil prohibirle a su hijo que se suba a un banco antes que tomarse el tiempo necesario para enseñarle a bajar de espaldas y apoyando primero los pies en el suelo a fin de que no se sienta frustrado en sus intentos. Pero lo cierto es que en la mayoría de los casos, cuando los padres no ayudan a sus hijos a arriesgarse y a enfrentar nuevas experiencias, o se niegan a que desarrollen su natural sentido de la perseverancia, realizando infinidad de veces una misma actividad, lo único que logran es que sus hijos se sientan confundidos e inseguros debido a que no saben qué pueden hacer y qué no. Y lo mismo ocurre cuando lo que reciben son respuestas desagradables, reacciones intempestivas por parte de sus padres y castigos cuando realizan actividades arriesgadas, o cuando simplemente deciden realizar «cosas a su modo». Como le ocurrió a Marina. Con sólo dos años y medio un buen día descubrió que era magnífico hacer garabatos en la pared de su habitación con tizas de colores, aunque la experiencia sólo durara el tiempo que su madre estaba hablando por teléfono. Al descubrir los garabatos de su hija, la madre la tomó de un brazo y no tuvo mejor idea que decirle: «¡Siempre tienes que ser la misma cochina! ¿Por qué has hecho esto?». Marina miró a su madre todavía con el puñado de tizas en la mano y le preguntó: «¿Te gusta?» (desde su mundo, desde su completa y plena inmersión en la experiencia, ella aún no había abandonado el placer de pintar... Al cabo de unos instantes, entre amenaza y amenaza («Ya verás cuando venga tu padre», «No volveré a darte tizas nunca más»), Mariana alcanza a ponerse un diminuto trozo de tiza en la boca y arroja las demás al suelo. La madre le pega en la boca, se la lava, la lleva a su habitación, apaga la luz y la obliga a dormir como castigo. Esta escena desafortunada la presencié en casa de una conocida y os aseguro que Marina estaba en todo su derecho de sentirse mal.

¿Son los dos años la edad de la desobediencia?

Los niños hasta antes de los tres años no son capaces de controlar sus acciones por sí mismos. Les motiva más lo llamativo, se dejan llevar por sus impulsos... Los padres, ante un niño de estas edades, deben dar instrucciones precisas para que las puedan seguir, decirles lo que hacen bien y lo que no pueden hacer, por más que se trate de una tarea que parece no tener fin. Porque lo cierto es que a quien más beneficia la disciplina es a los más pequeños... Y porque para los niños, cuyos padres son amorosos, dedicados y abiertos en un momento, y distantes y exigentes en otro (no olvidéis nunca que cada niño hace lo que se corresponde a su edad), es como si de repente, acostumbrados a verse reflejados en un espejo en el que naturalmente confían, en un momento determinado les devolviera una imagen distorsionada de quiénes son.

CÓMO UN CONFLICTO ACABA CONVIRTIÉNDOSE EN UN PROBLEMA DE REPERCUSIONES MÁS SERIAS

Sin duda en el ejemplo anterior, la madre, como se dice comúnmente, ha perdido los papeles. Si la consecuencia más grave es que hay que limpiar la pared, o incluso volver a pintarla, por qué exigir a una niña de dos años y medio que se comporte como alguien mayor. No estoy diciendo que aplauda su actitud. Es correcto reprenderla, pero demostrarle que no es aceptada sólo porque se ha dejado llevar por un impulso, es algo profundamente grave. En primer lugar, porque lo que lleva a los niños a actuar en esta fase son básicamente los deseos, no un impulso para transgredir normas o hacer algo prohibido. En segundo lugar, porque para Marina, la percepción global de la experiencia no es el resultado de lo que ocurrió primero y lo que ocurrió después («Primero tomé las tizas, después pinté, finalmente mamá me castigó»). Una niña de dos años y medio no razona de este modo. Para ella se trata de una vivencia integral. Toda ella pintó la pared. El hecho de que su madre haya ignorado su dibujo, que haya desconocido sus sentimientos, le haya gritado, la haya amenazado y enviado a dormir como castigo se sintetiza en un solo mensaje que los adultos traduciríamos como: «Ha dejado de quererme». Posiblemente, si hoy se le pudiera preguntar a la madre de Marina por qué ha actuado de ese modo, incluso creo que diría que lo ha hecho por el bien de su hija, para educarle, para enseñarle la diferencia entre lo que está bien y lo que está mal..., y seguramente diría la verdad. Pero independientemente de que sus intenciones sean honorables, exigirle a una niña de dos años y medio que se comporte como una niña ideal es desconocer que todos los mensajes que le ha dado tarde o temprano harán mella en su autoestima.

De hecho, cualquier padre o madre medianamente enojado podría haber cometido el disparate de preguntarle a una niña de dos años y medio por qué ha dibujado en la pared. (Algo realmente inútil: a esa edad no tienen una razón lógica y premeditada de por qué hacen las cosas... Lo hacen porque les apetece.) No obstante, demostrarle que por haber hecho algo inapropiado, fácilmente deja de ser aceptada y valorada, continúa siendo algo peor aún. Haberle dicho que era cochina, haberla maltratado psicológicamente y no haberle sugerido opciones para enseñarle dónde podía pintar (sin contar que se ha utilizado su cama como un lugar de castigo), no ha contribuido a solucionar el problema, al contrario, lo ha agravado. Precisamente porque desde el instante en que una niña de dos años y medio no va a responder como un adulto (diciéndole a su madre que está intentando terminar un curso acelerado de pintura, o que irracionalmente se dejó llevar por sus impulsos, razonamiento que de algún modo ésta espera y por lo cual la ha tratado de ese modo)..., lo ideal es que la madre respire hondo e intente controlarse. Por ejemplo, después de la reprimenda puede buscar medios adecuados para no dañar la autoestima de su hija por más que hubiera dibujado en las paredes de toda la casa. Tal vez, si se hubiera detenido a mirar el dibujo aunque sea unos instantes y a buscar soluciones juntas, primero para quitarlo de la pared y, luego, proporcionándole otros espacios donde pintar: una caja de zapatos vacía, un papel de periódico o un folio, no sólo el conflicto habría quedado zanjado sino que Marina habría comprendido que existen muchas más opciones donde desarrollar su natural creatividad. Y, por supuesto, debió decirle firme y claramente «¡Las paredes no se pintan!».

La historia de Marina, como la de tantos otros niños es una muestra más de lo que pasa en muchos hogares donde no se lleva a cabo una disciplina positiva. No sólo porque ante un conflicto realmente mínimo se dramatizan situaciones como si con ello se acabara el mundo, sino (y esto es lo más importante) porque las emociones y los sentimientos de los niños no son tenidos en cuenta; o bien son tratados como personas que siempre están en inferioridad de condiciones por más que se los ame y tanto el padre como la madre estén plenamente dispuestos a darles lo mejor. Y es que cuanto más pequeños son los niños, tal como afirman los especialistas en desarrollo infantil, lo único que se puede hacer para enseñarles lo que está bien y lo que está mal es mostrarles las consecuencias de sus actos, enseñarles a resolver sus errores usando muchas menos palabras que las que usaríamos con un niño mayor.

Tres cosas que puede hacer un padre o una madre si su niña de dos años y medio pinta las paredes

- Darle un trapo húmedo para que la limpie, un modo práctico de enseñarle que los actos negativos tiene consecuencias desfavorables.
- Decirle que inmediatamente recoja sus pinturas y vaya a pintar un folio a su habitación.
- Mirar con la pequeña cómo le ha quedado el dibujo y disponerse a limpiar juntas la pared hasta que no quede ni una mancha.

Si un niño recibe muchos mensajes negativos cuando trata de explorar el mundo, comenzará a creer que éste es un sitio lleno de peligros. Como es lógico, las barreras que sean capaces de crear para defenderse de aquello que los daña no serán sólo para protegerse del mundo exterior, sino que también aprenderán a levantar vallas alrededor de aquellos aspectos que necesiten controlar de su personalidad para ser aceptados (dicho de otro modo: no sería raro que Marina reprimiera a partir de entonces sus impulsos creativos...).

Evidentemente, enseñarle a una niña de dos o tres años que hay líneas de aceptabilidad sutiles respecto de su persona (no de sus actos, como debería ser) es sin duda tan nocivo como decirle continuamente que para vivir en este mundo debe hacer las cosas exactamente como dicen los adultos, o de lo contrario dejará de ser reconocida como persona.

¿Por qué algunos adultos creen a menudo que el único modo de educar es asustando, criticando y dañando la autoestima de los niños?

Probablemente no existe una sola respuesta. Lo que sí es cierto, es que tal vez actúan así porque repiten la educación que ellos mismos recibieron. No obstante, sea cual sea la razón, cada vez que un adulto no observa el mundo desde la perspectiva de un niño de esta edad, y cae en el error de decirle: «Eres demasiado grande para hacer eso» o «demasiado pequeña para hacer lo otro», le quita una gran dosis de autoconfianza. Cuando los padres consideran que una buena educación se reduce a lograr que sus hijos se comporten según se les decía a ellos en su niñez, cuando los controlan y les dan respuestas automáticas (como amenazas, castigos, reglas y modelos de rol similares a los que ellos recibieron), no se dan cuenta de que la mayor parte del tiempo están reforzando conductas negativas en lugar de positivas.

LOS NIÑOS SIEMPRE HACEN COSAS... DE NIÑOS

Entre los dieciocho meses y tres años la mayoría de los niños suelen mostrarse muy temperamentales, lloran fácilmente de rabia, de frustración, y pocas veces se calman con facilidad si se los trata con rigidez. Por esa razón, si en tales circunstancias los niños reciben respuestas del tipo «Si no te portas bien, te vas a tu habitación»; «Si no te callas, no harás esto, no verás aquello, o no comerás lo otro...», «No quiero que seas así», o bien «¿Has visto qué horrible te pones cuando lloras?», entienden que nada de lo que hagan los salvará de ser rechazados, así que lo que entienden es «para qué cambiar de actitud, si igualmente no me van a querer». Y es que cuando los padres tratan a sus hijos como si fueran insoportables, exigentes, pesados, malcriados, molestos, ridículos, llorones, quisquillosos, caprichosos, o lo tratan como la oveja negra de la familia, o como el hijo mayor, el del medio o el menor, ignoran que lo único que consiguen es descargar la propia tensión interior.

Un niño a esta edad, incluso hasta los cinco años, no tiene prejuicios, ni complejos; ¡simplemente están creciendo!, gozando, aprendiendo y lo único que anhela es ser tenido en cuenta como persona que vale para sus padres. ¡Éstas son las verdaderas expectativas de un niño! Cualquier otra fórmula (criticarlos, chantajearlos emocional o materialmente, o manipularlos para que se conformen rápido y dejen de molestar, les hace percibir falta de interés, y ello, sin lugar a dudas, tiene un coste muy elevado. Cuando a un niño se le dice «Te agradezco que te hayas portado bien» o «Me encanta que hayas guardado tus juguetes», se le está enseñando que sus actos repercuten sólo de dos maneras en las demás personas: positiva o negativamente. Pero sólo sus actos, no su persona. En caso contrario, cuando debido a la ansiedad de sus padres, a la ambigüedad de mensajes, a la distancia emocional y a la incertidumbre de no saber en qué ha fallado, automáticamente deja de sentirse valioso como persona, aprende paulatinamente, en las sucesivas fases de su desarrollo, a relacionarse con personas que mantengan los mismos parámetros restrictivos que sus padres.

Claro que la impaciencia de los niños y el deseo de tener distintas experiencias a veces parece no tener fin. Quieren tocar, mirar y descubrir... y lo quieren ahora y ya. En esta fase del desarrollo es común que los padres estén constantemente alerta debido a que sus hijos no se dan cuenta de los riesgos que corren. (Especialmente cuando están silenciosos demasiado tiempo..., lo que generalmente es un indicio importante para saber cuándo están haciendo algo «prohibido», como jugar con el agua del váter o meter la mano en el cubo de la basura...) Al final del día, no es de extrañar entonces que vosotros no recordéis cuántas veces le habéis dicho a vuestro hijo: «No te subas a la mesa», «No metas la mano en la ranura de la puerta», «No comas basura», «No toques la caca», «No tires la comida al suelo», «No metas el pie en el charco», «No toques el teléfono».

Si «NO» es una de las palabras que los padres pronuncian con más frecuencia en esta etapa de sus hijos, resulta fácil comprender por qué los niños de dos años por ejemplo pueden dar un «No» por respuesta cuando se les pregunta por su nombre y hasta cuando se les pregunta si desean comer una galleta y desean decir «Sí». Para ellos, no se trata al principio tanto de una oposición sino de una palabra con varios sentidos y a la que llegan por imitación. Posteriormente, cuando descubren el poder de un «no», entonces sí que adquiere valor de negación. Y es que hay que tener en cuenta que para un niño estar gran parte del día escuchando «No hagas esto, no tires, no toques, no manches lo otro» es realmente aburrido. Como tampoco tiene muchas posibilidades de que sus padres le hablen de otro modo y se da cuenta de que haga lo que haga escuchará infinidad de veces la palabra NO (porque lo más divertido siempre está prohibido), a menudo utilizan la negación porque para ellos tiene más de un significado.

La tendencia de un niño a decir a todo «No» en esta etapa (considerada por ello como un período de autoafirmación más que de oposición) puede ser reforzada o disminuida por la actitud de los padres. De hecho, los niños que son elogiados frecuentemente y a quienes se les habla de un modo positivo se oponen menos. Tan sólo se trata de dejar el «No» exclusivamente para aquellos casos en que está en juego su seguridad, con lo que en lugar de decirle «No toques la planta», le podéis decir «Deja la planta»; o bien le podéis permitir que la toque enseñándole que lo haga con cuidado y suavidad.

EL DECÁLOGO ANTE LAS RABIETAS FRECUENTES

¿Tiene en esta etapa vuestro hijo rabietas frecuentes? Si es así es importante, antes de actuar, que los padres busquen la verdadera razón de ese comportamiento, es decir, si lo hace como una vía de escape para expresar su angustia, si se trata de un modo de poner a prueba vuestra falta de firmeza, o si con ello busca protagonismo. Sin duda, infundirle más ansiedad esperando que se comporte como lo que no es, es decir como un niño mayor o una persona diferente sólo agrava las cosas. Una rabieta de tanto en tanto no es preocupante, porque es el único modo que tiene un niño de expresar las emociones negativas, así que no hay por qué impedírselo mientras no se haga daño a sí mismo ni se lo haga a otros. Sin

embargo, cuando esta conducta es reiterada, puede tratarse de que él crea que ésa es la única forma que tiene de conseguir lo que quiere, ya se trate de caprichos o de un poco más de atención y afecto. En cualquier caso, éste es el decálogo frente a una rabieta...

- **Primero:** No gritar o ponerse más nervioso que el niño. Si no os resulta posible disminuir los estímulos que lo excitan, no reaccionéis impulsivamente para consolarlo o castigarlo, ya que esto no resuelve nada y tampoco les enseña a tolerar la frustración. Lo mejor es mantener una actitud serena y una expresión neutral. Recordad que ellos necesitan de esa descarga y que el único comportamiento que se modifica al expresar la rabia es el de ellos, no el tuyo.
- **Segundo:** Averiguar la causa real (cansancio, hambre, rebeldía, frustración...). Es decir, averiguad si vuestro hijo está utilizando el viejo truco del llanto y los gritos para salirse con la suya, si no encuentra un modo más adecuado de lograr sus objetivos, si está imitando la actitud de otro adulto que estaba enojado en aquel momento, si está actuando así por-

que rechaza la situación en la que está inmerso, o si se trata de varias cosas a la vez.

- **Tercero:** No le deis lo que pide con su mal comportamiento. Manteneos firmes. Recordad que a esta edad hará lo que esté en sus manos para no aprender que sus actos tienen consecuencias.
- **Cuarto:** No intentéis explicarle o convencerlo de que eso que está haciendo está mal, sólo manifestad vuestro desacuerdo utilizando el lenguaje no verbal. Por ejemplo, poniéndoos serios, cruzando los brazos y en actitud de espera.
- **Quinto:** Si lo consideráis oportuno, distraedlo llevándolo a un lugar apartado y sentadlo en el suelo hasta que se calme.
- **Sexto:** Prohibido utilizar cualquier tipo de violencia física.
- **Séptimo:** No dejéis que la gente tome partido por vuestro hijo poniéndose en contra vuestra con expresiones como: «Pobrecito».
- **Octavo:** Nunca prometáis en vano. Por ejemplo diciéndole: «Si te portas bien te compraré...».
- **Noveno:** No lo comparéis con otros niños que, a tu juicio, se comportan mejor, hermanos, primos...
- **Décimo:** Enseñadle las ventajas de estar tranquilo cuando lo logre.

LO MEJOR ES NO TENER UN «HIJO EJEMPLAR»

Anita está por cumplir tres años. Está acostumbrada a que su padre le diga que es una niña muy guapa cuando se comporta correctamente y muy fea cuando hace una travesura o manifiesta alguna emoción negativa. Para Anita, como es fácil comprender, discernir entre lo que es y lo que hace resulta evidentemente muy complicado. Fundamentalmente porque cuando su padre le dice este tipo de cosas, no sabe nunca si lo que hace le permitirá ser aceptada como persona. De hecho, como también su seguridad depende de lo que se le dice, no sería sorprendente que, con el tiempo, de tanto esforzarse en hacer sólo aquellas cosas que le agradan a su padre, Anita se convirtiera en una niña incapaz de mostrar sus verdaderas emociones. Algo así como si por el tipo de comunicación que mantiene con su padre no tuviera otra opción más que colocarse la máscara de «niña buena» y ubicarse permanentemente en una posición dependiente para no sentirse confundida y herida.

Ciertamente, algunos padres deberían tomarse de tanto en tanto un tiempo para esclarecer qué es para ellos un buen niño, un niño ejemplar. ¿Aquel que se comporta acorde a lo que se espera de él y se mimetiza con un modelo que no le pertenece? ¿El que es feliz y disfruta de la vida, hace travesuras y crece como persona? Sin duda, cuando prevalece lo primero no es de extrañar que a los niños se los suela identificar con rasgos que no les pertenecen, por ejemplo comparándolos con otros integrantes de la familia («Pesado como tu hermano» «Igual de intolerante que tu padre» «Cobarde como tu tío»...), con modelos sexistas («Los hombres de verdad nunca lloran»), con cualquier otro estereotipo de comportamiento («Llorar es de cobardes», «La gente te querrá más si siempre sonríes», «Debes portarte como un niño bueno»), o bien mediante todas aquellas opiniones que los obligan a comportarse como adultos («Si rompes tus juguetes te quedarás solo y ningún niño te querrá»), y no es raro que los pequeños acaben sintiéndose avergonzados de ser como son.

Por eso, los padres que sólo aceptan a su hijo en determinadas condiciones, que no se quejen si por ejemplo rompe sus juguetes. En algún momento necesitará sacar su rabia. ¿O no hay acaso demasiadas partes de su persona que no son aceptadas?

Un padre, por ejemplo, que le dice a su hijo lastimado

porque se ha caído «Te lo avisé. No tenías que haber corrido tanto», demostrándole que está más pendiente de autoafirmarse en su papel de «padre certero» que en comprender su dolor, también estará transmitiendo que no acepta en su hijo aquellas emociones que indiquen debilidad. Si en lugar de eso, le hubiera dicho «Duele mucho, ¿verdad?», el niño no sólo se habría sentido comprendido sino que no vería dañada su autoconfianza.

Lo que nunca hay que hacer si se quiere lograr una disciplina que los ayude a crecer

• Utilizar frases que comienzan con palabras como siempre, nunca, jamás («Jamás haces nada bien», «Nunca me escuchas»). Este tipo de tratos tienen connotaciones de hostilidad, reproches, humillación por parte de quien las pronuncia y, como consecuencia, provocan falta de interés y escasa cooperación por parte de los niños.

• Usar comparaciones con fines peyorativos («¡Pareces un puercoespín con ese pelo!»). Vuestro hijo no sólo se sentirá extremadamente denigrado y avergonzado porque vosotros sois una imagen de autoridad para él, sino que puede tener problemas para aceptar su imagen no sólo ahora sino en el futuro.

• Halagar y denigrar su persona («¡Eres genial!» «¡Eres de lo peor!»). Ambas cualidades dichas por los padres o personas con autoridad los hace sentir culpables debido a que no saben cuándo serán aceptados y amados y cuándo no...

• Compararlo con hermanos o con cualquier otro niño («No sé por qué no habrás salido como tu hermano...»). En estos casos, los niños no sólo se perciben como seres inferiores sino que pueden transformarse en víctimas y sentir celos incontrolados de aquel con quien se le compara.

• Valerte de errores del pasado para hacer ver que tienes razón («Yo te lo dije, sabía que te pasaría tal cosa...» o «No te acuerdas aquella vez que...»). Mediante esta forma sutil de educar a vuestro hijo para que no cometa los mismos errores lo único que hacéis es sacar vuestra cólera por no estar de acuerdo con él.

• Disimular el enfado o la ira tras una máscara de falsa compresión («Hijo, cariño, estoy un poco preocupada porque le quebraste una pierna al gato cuando lo atropellaste con la bicicleta»). Si estáis enojados con vuestro hijo, él debe saberlo. Decirlo de otro modo es para ellos humillante.

• Dar órdenes a los niños o decirles cómo tienen que actuar cuando manifiestan sus sentimientos, impidiendo que piensen por sí mismos y que aprendan de su propia experiencia («Tienes que decirle a tu amigo que es despreciable», «Dile que eso no se hace). Este tipo de tratos los invalida como personas.

• Obstinarse en querer tener razón más que ayudar a crecer al niño. Para vuestro hijo es más importante que vosotros y él seáis felices.

• Competir con el hijo para ver quién tiene más poder.

• Mostrar impaciencia o preocupación por las obligaciones más que por lo que a él le sucede como persona. Frases del tipo «Ahora déjame, que estoy ocupada...» le harán sentir que para vosotros él no tiene ningún valor.

• Exigirle que se comporte como lo haría un adulto.

• Dar pautas de comportamiento según vuestro estado de ánimo. En principio, porque las pautas ansiosas por parte de los adultos (similares a «Quédate quieto»; «Te acostaré a dormir si no te portas bien»; «No te daré caramelos si no te comes toda tu comida») refuerzan las conductas inaceptables.

• Esperar que vuestro hijo haga cien veces algo mal para imponer un poco de orden. Él no comprenderá por qué antes sí se lo permitíais y ahora no. Dejar para mañana la enseñanza de un límite es tan destructivo como amenazar, ya que esto produce resistencia a los cambios. Los padres que dan una segunda, tercera, décima oportunidad antes de entrar en acción no son tomados en serio por sus hijos, incluso si son pequeños.

• No decir con claridad qué conducta ha causado vuestro enfado. Aunque no es conveniente que éste dure mucho tiempo, ya que entonces vuestro hijo podría sentirse culpable, es importante que sepa exactamente qué cosa os ha hecho enfadar.

• Discutir con él. Si es pequeño tal vez no comprenda el significado de vuestras palabras, pero si le miráis a los ojos y le habláis con voz firme sabrá de inmediato que algo no va del todo bien.

• Juzgarlo por algo que no ha hecho como vosotros esperabais. Pensad que un niño no es desordenado porque después de pintar ha dejado los papeles y los lápices de colores en medio del suelo. No todos concebimos del mismo modo el desorden y puede que tu hijo no lo vea como vosotros, en especial porque los niños son creativos por naturaleza y la creatividad muchas veces está reñida con el concepto general que se tiene de pulcritud. En todo caso, enseñadle cuáles son los beneficios de vuestro punto de vista.

CUANDO APRENDEN A EXPRESARSE UN POCO MÁS...

«Tengo miedo», «Estoy asustado», «No me gusta»... Éstas son algunas de las expresiones que podemos oír de boca de los niños de tres años. Un cambio que comienza alrededor de los dos años y medio. No obstante, mientras no puede expresarse fluidamente es importante que los padres ayuden a expresarse cuando ven que está mal. Especialmente a partir de los dos años, cuando las relaciones con los miembros de la familia empiezan a modificarse y aparecen las primeras prohibiciones. Se pueden utilizar frases acordes a su edad como «¿Te gusta lo que pasó?», procurando no infundirle ansiedad ni esperando que comprenda razonamientos demasiado complejos para su edad.

Y es que a estas edades ya son capaces de decir oraciones compuestas relacionando una o más acciones con uno o varios objetos, recordad que siempre les será mucho más fácil escuchar mensajes simples y directos a fin de interactuar con el medio más rápida y satisfactoriamente. Por ejemplo, cuando haga algo con lo que no estáis de acuerdo, miradlo a los ojos cuando le habléis y utilizad un tono de voz un poco más bajo que el habitual, intentando captar su atención antes de hablar con él.

Las frases que uses deben ser claras y lo más sencillas posibles. Si quieres que tu hijo recoja del suelo los lápices y los papeles que están en su habitación, hay que especificarle qué tiene que hacer: «Recoge los lápices y los papeles ¡ahora!», acentuando la pronunciación en la última palabra. Si le dijeras «Ve a tu habitación y recoge todo lo que has dejado tirado por todas partes», probablemente no sabrá qué tiene que guardar.

Y dale tiempo. Cuando le indicáis algo y esperáis a que lo cumpla, le estáis demostrando vuestra confianza. Claro que eso no significa que lo haga. Hasta los cuatro años, tendréis que hacerle ver que lo ayudáis aunque lo hagáis solamente uno de vosotros... Igualmente él necesitará saber con anterioridad que si no cumple lo que le habéis dicho la consecuencia es, por ejemplo, estar sentado un rato en el suelo y sin jugar (si tiene dos o tres años). Por más que ponga expresión de dolor e incomprensión (mi hijo me miraba como si lo estuviera dejando dos días sin comer con sólo dejarlo sentado en el suelo dos minutos) intentad cumplir siempre, ya que él debe saber que los límites que vosotros imponéis son sagrados. Y es que si tu hijo o tu hija aprende que no eres de fiar, no te hará caso. Tampoco caigas en el error de corregir una misma conducta unas veces sí y otras no. Ten en cuenta que a esta edad son maestros en el arte de poner a prueba tu perseverancia y capacidad de decisión. Si son pequeños, la prohibición de permisos (no ir a jugar con un amigo, no ir al parque, no ir a una fiesta de cumpleaños) o quitarle su juguete predilecto no sirve de nada porque no entienden la relación que hay entre una cosa y otra. A veces da mejores resultados dejarlo sentado en el suelo sin jugar durante unos minutos.

Finalmente, no olvidéis nunca que en este período, lo que da mejores resultados para enseñarles a autocontrolarse y ser disciplinados es reforzar las conductas positivas mediante elogios y recompensas, mucho más que empeñarse en que cambien una conducta que consideráis negativa. Para vuestro hijo, escuchar un elogio es tan saludable como darle una dosis extra de vitaminas. Por ejemplo, si está dejando de dar golpes con los pies en el suelo después de un berrinche e intenta calmarse, elógialo con naturalidad en cuanto veas que lo logra. Acércate y demuéstrale interés por lo que hace. Manifiéstale tu amor y dile que te agrada el modo en que ahora se comporta. Si el lloriqueo comienza otra vez, ignóralo hasta que pare. De todos modos no olvides que la disciplina se enseña sólo cuando se está con tranquilidad. Si un niño está nervioso, excitado o muy sensible, lo mejor es intentar primero ayudarlo a recuperar el equilibrio interior antes que intentar que aprenda buenos modales.

A VECES, LOS PADRES TAMBIÉN NECESITAN VOLVER SOBRE SU PASOS...

Enseñar a un niño a ser disciplinado no significa que se deba memorizar una lista de claves de la «A» a la «Z». La disciplina debe incorporarse lentamente a la vida de un niño, como una agenda interior que cada niño adaptará a su manera de ser y a sus circunstancias; pero fundamentalmente para que comprenda que las cosas siguen un cierto orden y que aquello que desea sólo podrá alcanzarlo si respeta ciertos límites.

No obstante, no es fácil al principio aceptar que el hijo incorpora esta «agenda» lentamente y según sus propios talentos y habilidades, ¡y más aún cuando los niños se conducen como si no tuvieran un centro de gravedad interior o cuando parecen tener uno de esos días en que nada les conforma. Si es así, lo mejor es tomarse unos minutos para reflexionar sobre qué está pasando y pensar seriamente cómo se va a actuar.

Por otra parte no hay que olvidar que entre los dieciocho meses y los tres años los niños están todo el tiempo alerta y pendientes de muchas cosas, no temen a nada, son aventureros por excelencia y viven probándose a sí mismos con entusiasmo..., razón de más para brindarles elogios por lo logrado, que siempre será más saludable que vivir llamándoles la atención por lo que no logran. De hecho, una disciplina demasiado rígida en estas edades, insistiendo en los desaciertos, hace que los niños se comporten de un modo más rebelde. Razón principal por la que los elogios por aquello que van logrando sean prácticamente imprescindibles para mantener alta la autoestima y respeten ciertas reglas. Ahora bien, si tu hijo se ha acostumbrado a ser el centro de atención y a mirarte cada vez que hace algo para que le digas «¡Bravo! ¡Me encanta!», quizá debas regalarle menos elogios para que no esté tan pendiente de ellos. En eso consiste volver sobre vuestros pasos.

En cualquier caso, lo que sin duda debéis tener en cuenta es que los elogios no dependen tanto del énfasis como de la intención, la claridad y la sinceridad con que son transmitidos. Vosotros bien podríais decirle exageradamente a vuestro hijo «¡Oh, qué bonita ha quedado tu habitación! ¡Es fantástico! ¡Lo has hecho maravillosamente bien!» al ver que ha recogido sus juguetes. Sí, y aunque sólo se trate de uno o dos.

Por otra parte el fin de los elogios es impulsarlos a lograr conductas positivas, cuando tienen un año y medio, por ejemplo, sólo bastará con que haya recogido un solo juguete para elogiarlo diciéndole simplemente «¡Muy bien!», aunque luego lo vuelva a arrojar al suelo. Y obviamente, vosotros descubriréis con la práctica cuándo ese mismo elogio ya no surge ningún efecto: por ejemplo, si vuestro hijo ya ha aprendido a recoger sus juguetes. Como tampoco le servirá a un niño que está a punto de cumplir tres años que se lo aplauda porque sabe comer solo, mientras que para uno de dos será fundamental que lo hagáis.

Finalmente los padres deberían saber que hay elogios que tienen más tiempo de caducidad. Son los que se refieren al control de su cuerpo, como sucede con el control de esfínteres o cuando aprenden a andar o a montar en triciclo. Estas adquisiciones, como de hecho requieren de más pruebas y de más constancia necesitan ser reforzadas asiduamente. De todos modos, para saber con más exactitud qué logros debes ponderar, lo ideal es que anotes aquellas conductas que deseáis que vuestro hijo mejore (siempre una o dos por vez) y observar detenidamente qué cambios positivos se producen. A veces, resulta sorprendente cuántas cosas aprenden los niños en tan sólo una semana. Para él o para ella, sentir que tenéis en cuenta sus logros es tan importante que no dudará en repetirlos una y otra vez, con lo cual ¡ya no necesitaréis insistir infinidad de veces las mismas cosas para que aprendan a comportarse de otro modo como sucedía cuando usabas métodos menos estimulantes!

¿Cuándo y cómo elogiar?

Todos los padres deberían saber que para un niño en esta etapa la noción del tiempo se limita al presente, así que si ha hecho algo bien no esperéis a que esté reunida toda la familia para felicitarlo en público. Antes de los cuatro años no tendrá ni la más remota idea de por qué se está haciendo tanta parafernalia en torno a su persona y lo único que conseguiréis es que se ponga ansioso.[1] A partir de los cinco años, si bien el reconocimiento puede llegar un poco más tarde, un gesto de complicidad o de aprobación en el instante en que ha hecho algo que os agrada, siempre será necesario. Por esto, es imprescindible que como padres sepáis que elogiar y recompensar implica:

- Hacerlo en su justa medida y en la mayor brevedad de tiempo. Intentar que los elogios al igual que las recompensas sean variados. Una vez podréis decirle «Me encanta lo que has hecho» y en otra ocasión darle las gracias. O bien, cuando se trata de recompensar, podéis permitirle pintar con rotuladores y, en otra ocasión, llevarlo a un parque distinto del que va habitualmente, en especial cuando son pequeños.
- Que tengan que hacer cada vez un mayor esfuerzo para conseguir un nuevo premio.
- No basar la educación y los cambios de conducta en este tipo de métodos, sino que sólo se trate de algo que sólo uséis para reforzar comportamientos positivos.
- No esperar a que tu hijo haga cinco cosas bien para felicitarlo. Hacerle ver que una recompensa no significa que luego puede volver a hacer su voluntad o desobedecer.

1. A medida que crecen (a partir de los seis o siete años aproximadamente) muchos niños prefieren ser elogiados en privado, y de un modo más sutil y menos efusivo. Cuando tienen diez años, a veces resultan más productivos los elogios del tipo «Me pregunto qué experto en cocina ha pasado por aquí», cuando ves que tu hijo mayor ha preparado la merienda para él y su hermano, que decirle: «Te agradezco que hayas pensado en él».

OTRAS ESTRATEGIAS...

A medida que los niños adquieren más capacidad para comunicar sus sentimientos, pensamientos y emociones, los elogios sirven no sólo para estimularlos sino para afianzar lo que ya saben: sus padres les aman incondicionalmente. Llega un momento sin embargo en que así como no es necesario elogiar una actitud porque ya se ha asimilado, a veces puede ser conveniente incorporar otras técnicas como ignorar comportamientos manipuladores, eludir ciertas conductas, o bien aprender a ofrecerles alternativas silenciosas.

- **Ignorar:** Cuando tu hijo actúa como si quisiera poner a prueba tu firmeza, lo mejor es ignorar esa conducta. Ignorar, obviamente, no quiere decir no saber qué le ocurre sino decidir que lo mejor en ese momento es no actuar, no decirle nada. De hecho, no se puede ignorar algo que se desconoce, así que en ningún caso ignorar significa no prestar atención. Los padres pueden ignorar durante unos momentos una riña entre hermanos; un berrinche para conseguir algo que se le ha negado o mientras se está hablando con alguien... ¡Y verdaderamente los resultados que se consiguen con ello suelen ser asombrosos! Entre el primer año y los dos años y medio, vuestro hijo reclamará especialmente vuestra atención, especialmente cuando vea que no estáis pendiente de él, mientras estéis ocupados en algo importante, cuando habléis por teléfono o con otras personas. Y es que los niños, por pequeños que sean, saben que si bien primero los padres se enojan, con un poco de insistencia por su parte lograrán ser alzados en brazos, jugar, o simplemente le dedicarán todo su tiempo... A veces, puede ser que su modo de llamar la atención sea hacer exactamente todo cuanto se le ha prohibido: meter las manos en enchufes, subirse a la mesa, romper sus libros, abrir cajones.... Si lo que hace pone en peligro su vida (como en el primer ejemplo) o la de otros (como morder a otro niño o pegar), ignorar no es lo más aconsejable. Como es comprensible, si esto sucede habrá que dejar lo que se está haciendo y prestarle un poco de atención, o bien incorporar alguna actividad para que esté entretenido sin peligro alguno.

¿En qué casos hay que ignorar una conducta negativa?
Sin duda cuando el niño intenta llamar la atención y sabe que con ello consigue lo que quiere. Es decir, cuando se trata de una estrategia mediante la cual sabe que si llora, tiene un berrinche y arma un escándalo obtiene más atención. Ignorar, en este sentido, es no mostrar ansiedad por oírlo llorar o gritar. Tampoco te pongas a cantar, ni a silbar, ni a escuchar la radio o la televisión a todo volumen. Aunque parezca sorprendente, muchos padres creen que ignorar consiste en esto, olvidándose que el niño necesita saber que su padre o su madre lo están oyendo pero que no tienen nada que decirle al respecto. En algún momento, tu hijo, aun en medio de un berrinche te mirará para ver por qué no reaccionáis como lo hacéis siempre, entonces automáticamente disminuirá la intensidad de sus gritos y pataleos. Espera unos segundos y, si veis que empieza a calmarse habla con él en un tono de voz suave. Empieza por decirle frases como «¿Ya está?», «¿Estás bien?». Cuando te responda, entonces abrázalo. No le digáis frases del tipo «Era hora de que te calmaras, querido...», ni «Así me gusta, que te portes como Dios manda...». Esto los humilla y les hace sentir que pierden poder. Más aún porque posiblemente hasta ahora para vuestro hijo éste era el único camino por el que conseguía hacer su voluntad. Por ello, como no será la última vez que saque a la

luz todo su mal genio para ver si con ello puede doblegarte, cuando ya hayas probado ignorarlo una primera vez, mientras repita el comportamiento que habéis ignorado, actuad siempre de la misma forma. Tu hijo debe saber que no conseguirá nada de ti si se empeña en seguir adelante con su actitud. Ahora bien, nunca ignoréis una conducta para llamar la atención si hay indicios de problemas de adaptación en el parvulario, o ha llegado un nuevo integrante a la familia, o se ha muerto un ser querido, o ha sido maltratado por alguien, o hay una ruptura del núcleo familiar (divorcio, o que el padre o la madre se hayan ido de viaje). En tales casos, está demandando una do-sis extra de afecto o que soluciones un problema más grave para él.

- **Eludir:** Eludir no es lo mismo que ignorar. Desde el punto de vista de la disciplina positiva, se elude cuando no se le quiere dar más información a un niño que una y otra vez repite la misma pregunta. En este sentido, entre los dos años y medio o tres es normal que tu hijo se levante y se acueste con los ¿por qué? en la boca y que tú sólo quieras darle respuestas hasta cierto límite. Especialmente cuando es evidente que la pregunta no está siendo utilizada para satisfacer su curiosidad sino como un juego en el que uno interroga, el otro responde y donde nadie escucha. Un niño de dos años, puede por ejemplo oír desde lejos que se ha roto un plato en la cocina y llegar corriendo para preguntar «¿Qué ha pasado?». Uno de vosotros le responderá: «Se ha roto un plato». «¿Se ha roto un plato?», dirá él. «Sí, se ha roto un plato», contestaréis vosotros. «¿Por qué?» «Porque se ha caído», le explicaréis. «¿Se ha caído?», te dirá. «Sí.» «¿Por qué...?» A veces, incluso resulta curioso ver cómo retoman otra vez la pregunta inicial para empezar de nuevo a reflejar –repetir– cada una de vuestras respuestas. Para ellos, si bien se trata de un juego verbal en el que lo único que hacen es verificar el código del mensaje,[1] en algunos casos responder «Tengo que pensarlo» distrae su atención. En otros, lo mejor suele ser cambiar de tema.

- **Tener a mano otras alternativas:** Dado que los adultos tenemos la ventaja de que los niños son curiosos por naturaleza, cuando éstos se comportan como si no supieran qué quieren, puede dar buenos resultados ponerse a hacer algo que sea de su interés. Por ejemplo, escuchar su música predilecta o una película que les guste especialmente, o una actividad a la que sepáis de antemano que tarde o temprano se va a acoplar. Es importante en estos casos no decir nada y simplemente hacerlo delante de ellos. Evidentemente, este tipo de técnicas no tiene por objetivo pasar por alto la manifestación de una conducta o un problema de vuestro hijo sino tranquilizarlo para poder recuperar la calma y retomar el diálogo de un modo más positivo.

EL CONTROL DE LOS ESFÍNTERES

El control de los esfínteres es otro aspecto del crecimiento a tener en cuenta dentro de la disciplina. En esta etapa, para muchos padres enseñar a sus hijos a controlar los esfínteres conlleva una ruptura de la disciplina que hasta ahora tal vez se había logrado. De hecho, el modo en que se realiza esta primera experiencia servirá como precendente para desarrollar otros aprendizajes y capacidades.

En efecto, si el niño no atraviesa la experiencia del control de esfínteres con tranquilidad puede ver afectada su

1. Verificar el código en este sentido significa para los niños comprobar si tú y yo estamos hablando de lo mismo. De ahí la repetición constante y circular de las preguntas. Desde el punto de vista de la madurez del niño este tipo de juegos lingüísticos demuestra que ha dado un paso importante desde el punto de vista intelectual.

capacidad de dominio y sumisión. En este sentido, unos padres ansiosos que fuerzan a que el hijo domine rápidamente su cuerpo sólo lograrán el efecto contrario, es decir, que tardará aún más en descubrir que es capaz de controlarse.

Y es que el aprendizaje del control de los esfínteres debería ser tan natural como cuando aprendió a caminar o pasó del biberón al vaso. Si en ambos casos ganó un adelanto hacia la independencia, por qué no pensar que con orden puede lograrlo fácilmente ahora. Y esta confianza es absolutamente necesaria por parte de los padres, porque no existe una edad fija para que su pequeño deje de usar pañales, el control de esfínteres es una condición que se adquiere cuando el niño está preparado, puede ser antes o después de los dos años.

Hay señales evidentes cuando un niño desea hacer sus necesidades fisiológicas. Porque se toca, se agacha, se queda quieto, hace muecas... En esos momentos los padres deben sentarlo de inmediato al orinal, además de hacerlo en horarios puntuales, por la mañana, después o antes de la siesta y antes de cenar. Es importante que los padres tengan en esta etapa mucha paciencia para entrenar a su hijo a controlar los esfínteres. Para lograr el éxito no hay que exigirle al pequeño ni imponerle castigos ni regañarlo cuando no logre contenerse, porque podría ocasionarle estreñimiento crónico o, peor aún, conflictos psicológicos. Y paciencia para sobrellevar los «accidentes» que ocurran y amor para no transmitir este aprendizaje como una imposición autoritaria. Pero no sólo eso. Antes de poner manos a la obra es conveniente cerciorarse de que durante el entrenamiento no surgirán cambios familiares que pongan nervioso al pequeño y le dificulte el aprendizaje, como el nacimiento de un hermano, una mudanza...

Claves para reforzar una disciplina positiva entre los 18 meses y los tres años

- Descubrir los mensajes que el niño envía mediante gestos, posturas, berrinches, incluso cuando ya sabe hablar.
- Darle tiempo desde que se le ha pedido que haga algo hasta que lo cumple.
- Recordar que la disciplina no depende del estado emocional de los padres.
- Dejar que el niño experimente por sí mismo las consecuencias de sus actos sin intervenir, excepto que él u otros corran peligro.

«¿QUIÉN SOY?»

DISCIPLINA DE LOS TRES AÑOS A LOS CUATRO Y MEDIO

«YO SOY YO»

> El padre de Pablo ha repetido infinidad de veces en un tarde: «Pablo, guarda tus juguetes», «Pablo, recoge », «Pablo, te he dicho que no sigas sacando cosas...». Pablo sigue haciendo lo que él quiere, incluso se revela sentándose en el suelo y cruzándose de brazos. El padre de Pablo, ante la oposición de su hijo, lo envía a su habitación a pensar. Pablo llora.

Alrededor de los tres años la mayoría no sólo experimenta otros cambios importantes sino que descubre dos cosas: 1/ que es diferente del resto de las personas, y 2/ que puede salirse con la suya si se mantiene firmes cuando dice «no» ante algo que se le pide.

Esta fase, en la que hay un verdadero romance entre el hijo y los padres, suele confundir a éstos debido a que el niño de los berrinches de los dos años ha quedado atrás. En apariencia, a partir de los tres años la mayoría de los niños suelen mostrarse más tranquilos. Parte de esta tranquilidad suele deberse a que tienen una mayor seguridad interior, ahora no necesitan estar todo el tiempo cerca de sus padres para sentirse seguros. Pero no hay que engañarse, a los tres años todavía buscan oponerse y hacer su voluntad. El hecho de que la mayoría de los niños a los tres años ya haya interiorizado la imagen mental de papá y mamá, lo que les permite llevar a cabo empresas más arriesgadas sin dejar de sentirse a salvo, no les impide querer todo el tiempo salirse con la suya. ¡Y ni qué contar cuando lo que tienen en mente es una empresa en la que llevan rato concentrados! Y es que su espíritu aventurero no está reñido con la necesidad de aprobación y de apoyo.

Ciertamente un niño de tres años no es el niño rebelde que era cuando tenía dos años, por lo que a la hora de educarlo para que cumpla las pautas de conducta no querrá ser tratado de un modo inferior a sus posibilidades. Si el padre de Pablo pretende que su hijo recoja lo juguetes, bastará con decirle «Es hora de que guardes tus cosas, que vamos a cenar, por ejemplo», y seguramente Pablo lo hará encantado a la primera, porque la imagen que se le devuelve de sí mismo es de confianza.

Seguramente algunos padres se preguntarán qué razones llevan a un niño tan pequeño a actuar con responsabilidad cuando es tratado acorde a su edad. La razón está relacionada con el grado de confianza con que es tratado. Las repeticiones de una orden, sin darles explicaciones ni tiempo para que las lleve a cabo, acaban siendo desoídas. Por otra parte, en esta etapa ningún padre debería dejar de tener en cuenta que el secreto de una buena disciplina está en estimular a los niños a que disfruten portándose bien, y qué mejor modo que hacerles disfrutar que demostrándoles que el padre y la madre son conscientes de su crecimiento. Sin contar que los padres no deberían olvidar que a estas edades la mayoría de los niños ya han aprendido que las acciones siguen un cierto orden y que son muy hábiles en saber cuándo y cómo oponerse para hacer lo que desean.

¿Hasta dónde conoces a tu hijo?

Durante una semana o más, intenta identificar aquellas señales emitidas por vuestro hijo que indiquen que necesita urgentemente tu atención. Usualmente hará esto antes de irritarse o llorar. En general, las señales que hay que tener en cuenta son aquellas que indican que está reconcentrado en sí mismo: rigidez del cuerpo; comisuras de la boca hacia abajo (indicando tristeza y desilusión); labios apretados (manifestando ira reprimida y desinterés). También observad si mantiene las cejas y la frente fruncidas (demostrando así su ira); si tiene las cejas levantadas y los músculos faciales relajados (indicando sorpresa y curiosidad), o tensos (avisando que se encuentra en una situación de miedo y de dolor). Tened presente que a medida que aprendáis a detectar anticipadamente estas señales de vuestro hijo, él también expresará con mayor facilidad sus deseos, sentimientos y emociones sin necesidad de tener que armar un verdadero escándalo para que os fijéis concentradamente en él.

Cuando ya conozcas muchos de sus códigos, empieza a observar qué sucede cuando hablas con él. ¿Permites que hable sin ponerlo especialmente nervioso? ¿Corriges a menudo su dicción y no dejas que hable libremente? ¿Te adaptas y comprendes fácilmente su lenguaje o perteneces a ese grupo reducido de padres que se contentan aun cuando no entienden lo que sus hijos se esfuerzan por transmitirles? ¿Usas frases cortas para que te entienda mejor? (A veces, los niños no responden a las preguntas de sus padres con facilidad o no respetan las normas, no porque no sean capaces de hacerlo sino porque se utilizan frases largas y complejas.)

- ¿Verdad que no es posible escuchar atentamente a un niño de estas edades si siempre somos los adultos los primeros en abrir la boca?
- ¿Qué sentimientos expresa con su cuerpo realmente cuando, por ejemplo está enfadado?: ¿Preocupación? ¿Aburrimiento?

¿Desencanto? ¿Compasión? ¿Temor? ¿Impaciencia? Intentad averiguar cómo es vuestro hijo mediante los mensajes implícitos que usa.

• ¿Cambia el tono de voz cuando pide algo que desea para mostrarse más agradable, exigente, autoritario o desvalido, por poner un ejemplo?

• Cuando se le ha llamado la atención: ¿Repite sílabas? ¿Tartamudea? ¿Mira directamente a los ojos? ¿Evita la mirada?

• ¿Cuál es la reacción de vuestro hijo cuando percibe que verdaderamente lo estáis escuchando? ¿Se comporta como si fuera un niño mayor? ¿Usa más palabras de lo habitual o hace un esfuerzo por ser entendido?

• Cuando se enfada... ¿Se identifica más con la forma de hablar del padre? ¿Se identifica más con la forma de hablar de la madre?

¿CÓMO SABER CUÁNDO TU HIJO ESTÁ «PASANDO» DE TI?

En esta etapa de crecimiento es común que los niños se muestren indiferentes ante las órdenes o los mandatos de los padres. ¿Cómo saber cuándo realmente están pasando del adulto o cuándo están tan metidos en «su mundo» que no oyen nada? Una de las cuestiones importantes que los padres deben saben de esta etapa es que los niños juegan a identificarse con objetos, personajes imaginarios, animales u otros niños porque de ese modo descubren su personalidad. Mientras juegan a «soy esto y no soy lo otro» es probable que no respondan, por ejemplo, a su madre cuando ésta los está llamando desde hace media hora... La razón es que mientras el niño interpreta un determinado papel descubre –por ejemplo– cuánto le agrada ser fuerte y suave como un oso. Estos juegos del como si, como si fuera un oso, una ardilla, una marioneta... le sirven para poner orden a su –a veces– caótico mundo interior y en esos momentos nada es para ellos más interesante. Por esa razón, a veces mientras sólo permanece atento a qué siente puede ser que verdaderamente no oiga nada que provenga del mundo exterior excepto que se le reclame su atención. En estos casos el niño no está pasando de ti. Está descubriendo lo que rechaza, lo que desea y todo aquello que no le sirve para sentirse bien mediante identificaciones. Le está dando un orden interno a su vida. En cierta ocasión escuché a un niño de tres años y medio responder a su madre que le estaba llamando insistentemente «Te oigo, pero no te contesto porque yo soy un oso», y después de unos minutos acercarse a su madre y decirle «¿Me llamabas?». ¿Se puede hablar en estos casos de desobediencia? ¿Y de niños pasotas? La respuesta es evidente. Por esta razón, los padres nunca deberían atribuir a los hijos cualidades especiales como capacidades irreales de manipulación o para boicotearles. Sólo se trata de juegos identificatorios en el que los niños están en su mundo, interpretando tantos papeles como desean.

VALERSE DE LA MIRADA PARA CAPTAR SU ATENCIÓN

Sin duda la única técnica para que un niño escuche consiste en captar su mirada para captar su atención. Cada vez que los padres hablan con sus hijos deberían hacerlo mirándole, poniéndose a su altura física. Por ejemplo, si quieres que tu hijo te obedezca mientras él está jugando a que es alguien diferente de quién es, lo mejor es agacharte, entrar en su juego y mirarlo a los ojos... Una madre y un padre que comprenden que estas interpretaciones son parte de su crecimiento pero quieren que su hijo recoja los juguetes, podrían decirle: «Pues quiero que el oso fuerte y suave venga a la cocina, que tengo que hablar con él», y no «Déjate de bobadas que te estoy llamando».

No se puede hablar de indisciplina cuando un niño no responde porque está abstraído. Algo común entre los tres años y los cuatro y medio, época en la que los niños invierten mucho tiempo en identificarse con aquello que conocen para descubrir sensaciones y emociones nuevas.

Un truco con buenos resultados

A los tres años los niños no sólo hablan mucho y prestan poca atención a los adultos, sino que pueden pasar de identificarse con un personaje a identificarse con otro en poco tiempo. Es fácil oír decir a un niño en esta etapa de crecimiento «Ahora soy mamá» «Soy papá», y lo mismo con los hermanos, la maestra, los dibujos de la televisión, los animales del zoológico, sus mascotas, los árboles... ¡o con cualquier cosa que tenga una característica con la que se sienta identificado! Los padres pueden valerse de estas ocurrencias para reforzar la disciplina. Por ejemplo se pueden reforzar determinadas cualidades positivas, diciendo: «¿Eres grande y obediente, osito? Pues, osito grande y obediente, ven aquí». Piensa que cada vez que le dices a tu hijo «Eres grande, pequeño, fuerte o divertido», le estás dando códigos para que sienta que esos valores son suyos. Fundamentalmente porque en esta fase de crecimiento la confianza de tu hijo deriva de tres fuentes fundamentales: de los juegos de identificación, de la satisfacción de sus realizaciones y de la aprobación que los adultos hacen de ellas. Sí, como lo lees. Ésta es la razón por la que los padres nunca deberían forzar la disciplina haciéndole ver al niño que no están contentos con su forma de ser, que no les agradan sus creaciones o que no es aprobado como persona por sus padres.

Lo contrario hace que el niño se sienta avergonzado por ser diferente del resto de las personas y en esta fase la aceptación de los padres y de sí mismo es crucial.

LA DISCIPLINA Y LOS MIEDOS

En esta etapa, los miedos de los niños a menudo giran en torno a lo que ven en la televisión y a lo que imaginan con los cuentos. También hay que tener en cuenta que la apertura al mundo que viven en esta etapa puede conllevar temores relacionados con sonidos fuertes, la oscuridad, la sirena de los bomberos… o el ladrido de un perro mientras pasean por la calle. En todos los casos, no obstante, cuando los niños tienen miedo en esta edad suelen comportarse como si no existieran las normas. El miedo los pone incómodos, molestos, tensos y pueden tener algún que otro berrinche. Obviamente, los padres no tendrían que poner límites si es esto lo que ocurre, ya que la única medicina infalible es darles en esos momentos una señal de que pueden sentirse seguros. Un abrazo, mostrarles algo que han hecho bien con anterioridad… La indisciplina proveniente de los miedos aparece no obstante cuando el niño no se atreve a nuevos desafíos, ha tenido algún inconveniente con alguien de su edad o cuando ve que no puede llevar a cabo sus ideas. Por fortuna, una de las ventajas de esta etapa es que el lenguaje verbal va aumentado (puede utilizar correctamente hasta más de mil palabras) y puede valerse de ellas como nexo entre sus necesidades y el medio que lo rodea, lo que les permite expresar más claramente cuándo sienten algún tipo de temor. En el caso en que no use las palabras, sí usará el lenguaje de su cuerpo. Un tono de voz más bajo, una expresión llena de repeticiones y con una extrema atención hacia el adulto, suele indicar que tu hijo puede estar sintiendo miedo. En cualquier caso, lo que los padres deben tener presente es que la expresión verbal del niño no se debe ver empañada en esos momentos por correcciones innecesarias de vocabulario, consejos, advertencias o recomendaciones. Hay que ayudarlo a encontrar las palabras que necesita. A veces, sólo se trata de estar atentos a lo que desean decir y escucharlos con respeto y en silencio. Pensad que vuestro hijo ya sabe que hay unas cosas que son aceptables y otras que no y que, en ocasiones, el temor que siente puede deberse sólo a haber contactado profundamente con algún miedo interior que aún no logra identificar.

Qué hacer cuando tu hijo corre por la casa gritando «Mamáááááááá, me persigue un monstruo...»

Tal vez sólo se trate de un juego. Tal vez no. En cualquier caso no es raro que a esta edad algunos niños que antes parecían no temer a nada, de repente manifiesten miedo a la oscuridad, a las máquinas ruidosas, a personas extrañas y a ciertos animales como los dinosaurios o los osos, y que incluso experimente mucha ansiedad debido a sus propias fantasías. En tales casos, no será raro que lo veáis correr por toda la casa gritando «Me persigue un monstruo. ¡Tengo miedo!»... Ésta es una de las razones por las que los padres deberían prohibir a cualquier adulto asustar a los niños con monstruos, hombres del saco, o cualquier otro personajillo horrendo que suele salir de la mente de los adultos cuando se comportan inadecuadamente. Y si lo ves asustado de verdad, recuerda que la mejor medicina para los miedos son los abrazos...

DISCIPLINA Y RESPETO POR LOS SENTIMIENTOS

Julián tiene tres años y medio. Cada vez que se enfada, sus padres le dicen que está feo, «Este niño no me gusta» o «Cambia esa cara, que así me aburres». Es evidente que lo que los padres de Julián no saben es que la expresión de los sentimientos es una respuesta emocional de aquello que nos pasa. La expresión de los sentimientos es algo natural; un niño, al igual que un adulto, no puede evitar estas expresiones. Es por ello que especialmente los niños deben aprender desde pequeños a actuar responsablemente ante sus sentimientos, y de ese modo aprenderán también a respetarse a sí mismos y a respetar a otros. Los padres que dicen a sus hijos «Estar enfadado es una tontería», desconocen que los sentimientos son reales y naturales, pero hay más: le demuestran a su hijo que hay aspectos de su persona que no aceptan. La razón no es otra que la antigua creencia de que hay sentimientos buenos y malos, algo que para un niño, como es lógico, no entra en su mundo.

Algo a tener en cuenta

La negación de sentimientos no sólo perjudica la autoestima de los niños sino que puede dañar las relaciones familiares. También puede generar efectos negativos, como tener más miedo a aquello de lo que no pueden hablar, o bien acumular emociones hasta llegar a comportamientos negativos. Hablar de sentimientos con los hijos desde que son pequeños ayuda a reforzar vínculos positivos. ¿Cómo? Pues como hizo una madre que conocí hace tiempo. Su hijo de cuatro años había sido mordido por un perro, y después de que todo pasara decidieron nombrar con un color las sensaciones desagradables y con otros las agradables. Por ejemplo, el gris y el marrón se referían al temor a un perro, al miedo al daño físico. El niño aprendió luego a diferenciar sentimientos como el miedo, estar nervioso, estar asustado… En otros casos, los niños pueden dibujar lo que sienten incluso sin que les haya pasado nada tan grave.

Por último habría que recordar que los niños aprenden por imitación, así que sería conveniente que los padres empezaran a contar, por ejemplo cómo ha sido su día de trabajo, diciendo…: «Hoy me siento … porque … ». Este tipo de diálogos promoverán sin duda una comunicación abierta y de respeto mutuo.

CUENTOS, CANCIONES Y JUEGOS PARA FOMENTAR LA DISCIPLINA Y EL RESPETO POR LOS SENTIMIENTOS

Los cuentos, las canciones y los juegos con el cuerpo constituyen unos de los recursos más eficaces de los que disponen los padres para fomentar una disciplina positiva, además de que enriquecen la comunicación y les ayuda a expresar sus emociones, a desarrollar su lenguaje y sus capacidades intelectuales. Al igual que ocurre con los juegos en solitario, mediante los cuales los niños dan un orden a su mundo interior, los cuentos les permiten alcanzar el mismo fin pero además les dan una gran dosis extra de seguridad. Y es que desde las primeras hora de vida vuestro hijo ha descubierto que cuando mamá le hablaba o le cantaba en un tono de voz cálido mientras lo mecía suavemente resultaba una experiencia increíblemente gratificante. El sonido de la voz, sumada al calor corporal, creaba entre ambos un ambiente de magia y unidad. Del mismo modo, los cuentos le permiten revivir esas sensaciones, ¡pero siendo más grande!

De ahí que los cuentos, las canciones y los juegos con el cuerpo, en los que hay que tocarse, abrazarse, acariciarse, se conviertan en una experiencia maravillosa. Pero hay más:

este contacto también les ayuda a aprender más rápido y a redefinir su lugar en la familia debido a que sin duda se identificará con algunos personajes de los cuentos.

LOS CUENTOS

El principal papel de los cuentos consiste en ayudar a los niños a liberarse de la ansiedad al mismo tiempo que comparten con sus padres una comunicación profunda basada en la fantasía y en el encanto de las palabras. También resultan imprescindibles para desarrollar otros aspectos importantes como los vínculos afectivos, además de desarrollar el sentido del humor y dar respuestas a muchos de sus interrogantes. Sin duda, tanto la madre como el padre pueden y deben leerle o contarle cuentos a sus hijos desde edades tempranas, ¡incluso desde los seis o siete meses! Sí, incluso desde tan pequeños, porque aunque no comprendan qué se les está diciendo identifican la sonrisa de mamá o de papá, los tonos de voz y los silencios como parte del juego.

Pero ¿cómo funcionan los cuentos cuando lo que se intenta es fomentar la disciplina? Sin duda habría que descartar la idea de que los cuentos moralizantes son los ideales para que los niños comprendan las normas del hogar. La razón es que la mayoría de estos cuentos carecen de magia, y los niños no logran identificarse con ningún personaje. Lo ideal en esos casos es que los padres inventen un relato simple y que lo narren por la tarde o antes de ir a la cama, en una ambiente acogedor y sin estímulos que los distraigan. Fundamentalmente porque en esta etapa no se trata de que cada noche los padres deban leer un libro. Al contrario, de lo que se trata es de compartir una historia jugando con los tonos de voz. Otra alternativa consiste en mirar imágenes. Podéis decirle cosas similares a: «¡Oh!, mira, un árbol amarillo. ¿Quién hay detrás? ¡Pero si es un perro! ¿Te gusta a ti el perro? Creo que quiere jugar con el niño que está sentado en el columpio. ¿Tú que crees?». Cuando tienen menos de cuatro años lo ideal es elegir aquellos cuentos que representen una sola acción por página (por ejemplo, un grupo de niños jugando en el parque o en un lago, una mamá pata dándole de comer a los patitos, o un nido de pájaros en un árbol). Las imágenes preferentemente deberán ser muy coloridas, con fondo blanco y no sobrepasar las seis o siete secuencias. Y por supuesto: ¡no dudéis en contarles el mismo cuento si vuestro hijo lo pide! Para él la repetición de un relato es una de las mejores fórmulas para sentirse seguros.

Papá y mamá, los mejores cuentacuentos

Los padres pueden convertirse en cuentacuentos también para enseñar disciplina, y lo cierto es que lo único que hay que hacer es narrar una historia simple con la que el niño pueda comprender las consecuencias de sus actos. Siempre será mejor que estas historias simples tengan como protagonistas a animales o que describan situaciones conocidas por él usando sólo vuestra voz. Si el problema es que no se os ocurre qué contar, podéis echar mano a experiencias que hayáis vivido en vuestra propia niñez. ¡Y además es algo que les encanta! También les divierten los cuentos cargados de onomatopeyas y silencios acompañados de gestos cuando denotan duda, admiración, intriga, o curiosidad, sencillamente porque la imaginación de los niños es infalible, aun cuando los padres se estrenan en este tipo de actividades. Tampoco hay que olvidar que la mayoría de los niños permanecen más tiempo atentos a la voz que a las imágenes con lo cual los padres siempre jugarán con ventaja. Por último, evitad contarle historias «de miedo» aunque veáis que le gustan. Las historias y los cuentos deben ser divertidos y acordes a su edad. Y que nunca lo que provoque la risa sean las aflicciones ajenas, como las burlas, lastimarse o herirse. Debéis saber que de lo contrario, él no comprenderá por qué le enseñáis a no hacer daño, si os reís de aquellos personajes que se hacen daño cuando se golpean entre ellos. A esta edad, lo que les divierte son aquellas situaciones en que los animales dan regalos, intentan atraparse unos a otros, se cuidan entre sí, caminan bajo la lluvia y al pisar un charco se salpican... En síntesis, todo aquello que tiene que ver con sus vivencias.

LOS JUEGOS

El juego es la actividad más importante para un niño tanto en la primera como en la segunda infancia, ya que mediante el juego aprenden a organizar su mundo interior en relación al mundo exterior. Mientras jugáis con vuestro hijo es importante que sean ellos quienes decidan cómo hacerlo, a qué ritmo, e incluso qué transgresiones se permiten y cuáles no. Indudablemente el juego es en sí mismo un micromundo con normas que ellos mismos deciden. Los padres tendrían que sacar partido de ello mostrándoles que son capaces de adaptarse a las reglas cuando juegan con sus hijos. De ahí que nunca habría que interferir en el modo en que el niño juega, ya que de lo contrario el tiempo y el espacio siguen siendo para el niño «obligaciones» a las que se tiene que adaptar.

Antes de los cuatro años y medio los niños no juegan «con otros» sino «al lado de otros», aunque se trate de sus padres. Si los niños participan activamente y se implican, es importante dejarlos actuar con libertad. A veces, desde los tres años en adelante es posible que «jueguen con el otro» si se trata de patear una pelota, o soplar una pluma de un extremo a otro de una mesa..., pero no es de extrañar que en un momento determinado digan que el objeto con el que están jugando es suyo, lo tengan bajo su poder y se aparten. Los padres deben comprenden que durante el juego los niños son sin duda los únicos protagonistas y que sus actitudes en apariencia inestables y posesivas son justamente las que les permiten descubrir infinitas posibilidades, investigar diferentes estrategias, identificar situaciones e, incluso, reconocer las posibilidades de su cuerpo. Por esto, como los niños se implican totalmente en sus juegos es importante que los padres comprendáis que para vuestra hija y vuestro hijo jugar es siempre algo serio, importante… y mágico.

Hasta los dos años y medio, por ejemplo, los juegos corporales combinados con canciones resultan ser para ellos los más atractivos, ya que combinar sonidos y movimientos les ayuda a explorar muchas posibilidades físicas y sociales, aprendiendo a dialogar de un modo no verbal con el adulto a medida que descubren el espacio que les rodea. En este sentido, mientras son pequeños, es conveniente que los padres motiven a sus hijos a expresarse a través del juego, en el que se pueden incluir canciones con ritmos diversos especialmente pensadas para niños de esta edad, pero también podéis valeros de cualquier melodía conocida para inventar vosotros un juego.

A partir de los dos años y medio, es fundamental que no olvidéis que es conveniente incluir juegos lingüísticos, poesías y canciones breves que ellos puedan aprender, referidas a animales que hacen las mismas cosas que ellos, o bien cuyos protagonistas sean los integrantes de la familia. A veces cuando los niños en esta etapa no comprenden que no se debe pegar o morder, se pueden representar las consecuencias de dichos actos con marionetas en un formato de juego compartido (preguntas y respuestas).

Por último, no hay que olvidar que a todos los niños les gusta disfrazarse, así que no dudéis en poneros una sábana en la cabeza y pasear por la casa junto a vuestro hijo si él os lo pide. Si bien los niños de tres años aún no representan roles y hasta puede ser que no tengan intenciones de disfrazarse de nada especial, lo cierto es que les apasiona arrastrar telas, cintas, bolsos, cordones, ¡y siempre con algo en la cabeza: un sombrero, un pañuelo, un papel, o un colador de plástico! A veces, para jugar con niños de esta edad los padres deberían saber que lo que menos se necesitan son juguetes, ya que cualquier cosa puede transformarse para ellos en algo mágico y divertido. A esta edad puedes dar a tu hijo vasos de plástico, recipientes vacíos de yogur, una cuchara de madera, guantes de lana, papeles, cajas grandes de cartón, plastilina, masa casera... ¡Verás todo lo que es capaz de inventar!

A partir de los tres años y medio, también es aconsejable compartir juegos en familia para fomentar la seguridad y la autoestima en los niños. Modelar con plastilina o pintar en un día de lluvia junto con los padres representa para ellos una experiencia fascinante. Los juegos simples, inventados por los padres en un momento determinado también sirven para afianzar la comunicación; como correr al aire libre con un puñado de tierra en la mano, jugar con un globo, buscar insectos en un parque o recoger hojas secas en otoño, construir muñecos con papel de plata, golpear en una mesa para que salten un puñado de piedras... Por más monótono y aburrido que esto pueda pareceros, lo cierto es que para los niños se trata de una experiencia fascinante, ¡mucho más que estar frente al televisor viendo sus películas predilectas!

A veces, no obstante, puede suceder que después de jugar durante un rato con vosotros, vuestra hija o vuestro hijo desee permanecer solo en otra actividad y olvidándose de que vosotros existís. Esto es absolutamente normal, ya que a esta edad la mayor parte del tiempo prefiere los juegos en solitario porque no puede seguir las reglas. En estos casos, puede ser muy interesante que lo escuchéis sin intervenir. Por lo general, cuando los niños pequeños son maltratados por sus hermanos mayores, tienen problemas con una canguro, con algún familiar o en la guardería, castigan severamente a sus muñecos predilectos, se aburren rápidamente o están más pendientes del adulto debido a la necesidad de aprobación que a su propio juego. Así pues, aprovechad estos juegos en solitario donde vuestro hijo es plenamente espontáneo para detectar si hay algún problema con algún integrante de la familia o con otra persona. De ser así, no dudéis en realizar un seguimiento para averiguar el alcance de la situación. A menudo, con unos pocos lápices de colores y un papel, cuando tienen dos años y medio o más, es fácil descubrir qué les pasa, ya que al enfrentarse al papel generalmente hablarán de lo que les preocupa. También cuando tu hijo dibuje en un papel observad los trazos. Habitualmente, cuando un niño tiene problemas, los trazos son duros, debido a que aprieta mucho el lápiz. O bien cuando algo no sale como espera, rompe el papel y lo arroja al suelo manifestando su rabia, su ansiedad y su poca tolerancia para la frustración, del mismo modo que lo hacía con su sonajero o su chupete cuando era más pequeño y se enojaba porque tenía hambre o quería dormir; no dudéis que vuestro hijo se valdrá de manifestaciones similares para indicaros que algo no va del todo bien.

La importancia de la rutina en el establecimiento de nuevas normas

Cuando los niños incorporan hábitos de higiene, de sueño, de alimentación y colaboran en casa, descubren que existen ciertas normas que deben aprender. A partir de los tres o de los cuatro años, los niños que no incluyen las normas rutinarias suelen ser más difíciles de controlar, porque, paradójicamente, están siempre buscando dónde están los límites. Están probando hasta dónde pueden llegar, especialmente si están haciendo algo que les gusta, por ejemplo, cuando miran la televisión. La mayoría de los niños, por ejemplo, se resisten a asumir sus responsabilidades, como recoger sus juguetes, hacer las tareas del hogar…, sin contar que los adultos invierten mucha energía en lograr que estos niños obedezcan y cumplan con sus responsabilidades. Pocas veces se les habla, se les grita se les regaña... y, a menudo, acaban siendo castigados. ¿Dónde está la clave para que no terminen todos exhaustos? Es evidente que invertir un poco de tiempo en seguir una rutina diaria ayuda a que esto no ocurra. Al principio, los padres deberán ayudarles a que todo sea más fácil, pero poco a poco habrá que dejar que hagan las cosas por sí solos, independientemente de que las primeras veces las hagan bien o mal. Y es que la rutina diaria para un niño es como las paredes de una casa, porque le permite saber hacia dónde se dirige cada vez que atraviesa una puerta. Del mismo modo, la rutina, le sirve para saber qué puede esperar de una situación, le da un sentido de orden y por otra parte, le permite saber que toda actividad tiene una duración. Por ejemplo: un niño mediante la rutina descubre que puede jugar hasta la hora de la cena; que no puede pintarse los dedos si se acaba de bañar, eso podría haberlo hecho antes. Del mismo modo, habrá que recoger los juguetes, lavarse los dientes…

DISCIPLINA DURANTE EL PROCESO DE SOCIALIZACIÓN

Si bien es cierto que en esta fase todos los niños se muestran especialmente sociables, los padres deben enseñarles a relacionarse con los demás.

Cualquier padre o madre sabe que a partir de los dieciocho meses (e incluso mucho antes), para un niño es fundamental aprender a estar con personas de su edad. De hecho, los niños toman como puntos de referencia a otros niños y de este modo descubren muchos aspectos de sí mismos, por esta razón a veces se imitan entre ellos y a veces se rechazan. Ahora bien, debido a que el éxito de la socialización de un niño no depende exclusivamente de aquello que conscientemente le hayáis enseñado (no pegar, no empujar, no dañar, dar las gracias, pedir disculpas...) sino de todos los mensajes que él ha recibido de cómo se comportan sus padres con el resto de las personas, es importante que los padres sean el primer ejemplo de cómo comportarse con los demás. Y, ¡tranquilos!, todo quedará archivado en la mente de los pequeños de la casa.

Poco a poco, a partir de los tres años, la mayoría de los niños van descubriendo que unas cosas están permitidas y otras no. También descubren que hay algunas de ellas que son especialmente elogiadas en la intimidad del hogar (como puede ser la sinceridad, la voluntad, la inteligencia, etcétera). Por eso, es muy importante qué opinan los padres sobre la forma de comportarse de sus hijos, porque para ellos, testigos atentos, con el fin de agradar y sentirse aceptados se comportarán tal como los describan sus padres. De este modo, si un padre define a su hijo como travieso, él se comportará de esa manera tan sólo por satisfacerle.

¿Cómo ayudar a los niños a integrarse en relaciones más amplias?

En primer lugar no sobreprotegiendo y dando pautas claras, y por supuesto siendo coherentes con sus actitudes. En esta etapa, lo fundamental para un niño es que aprenda cuáles de sus comportamientos son negativos, que sepa distinguir entre lo que lo daña y lo que no. De lo contrario, es probable que en el afán de estar con otros niños no sepa protegerse a sí mismo, debido a que las pautas son confusas. (Por ejemplo, si a un niño se le prohíbe pegar a otros niños, y los padres acostumbran a castigarlo físicamente, lo más probable es que pegue por imitación y se sienta culpable cuando sus padres lo reprenden.) Tampoco hay que olvidar que hasta que vuestro hijo no tenga más de cuatro años, para él el proceso de socialización puede ser muy difícil, y a consecuencia de ello puede estar mucho más ansioso que de costumbre. No obstante, si la comunicación que mantenéis con vuestra hija o con vuestro hijo es auténtica y transparente, es decir, si ve que no hay mensajes ambiguos y contradictorios, fácilmente podrá interactuar con el medio y diferenciarse de la realidad que lo rodea, descubriendo nuevas sensaciones y percepciones positivas acerca de cómo es y cómo debe conducirse con las personas de su edad. En especial, porque para él hasta ahora el mundo eran sólo «papá, mamá y el bebé» y los conflictos no le resultaban tan significativos, ya que siempre existía la posibilidad de adaptarse fácilmente a vuestras actitudes y a todos los mensajes (representaciones) transmitidos por vosotros tanto de forma directa como indirecta. Ahora, sin embargo, puede suceder que ella o él tenga una nueva lucha interna: porque desea estar con otros pero le cuesta asumir que es diferente, y no tanto por miedo «a estar con otros» sino porque le cuesta tener que separarse de vuestro lado. Obviamente, si los padres han tenido un trato distante y le han dedicado poca atención, puede ser que existan problemas a la hora de relacionarse con los demás, ya que:

- se comportará de un modo demasiado dependiente o ansioso cuando esté con otros niños;
- no comprenderá los mensajes no verbales que éstos le transmiten;
- desconocerá como consecuencia de ello cómo actuar frente a una situación de conflicto.

Por esto, si vuestra hija o vuestro hijo tiene problemas para relacionarse satisfactoriamente con niños de su edad, lo más saludable es traer algún amigo a casa para compartir alguna actividad (como merendar, ver una película, jugar con bloques de madera, con la nueva muñeca...). No dudéis de que lo más probable es que si está en su territorio se sentirá el único protagonista y por tanto más seguro de sí mismo. Si, por el contrario, observáis que se comporta de un modo temeroso o inhibido, no le digáis nada, tampoco intentéis sobreprotegerlo ni disculparlo ante el otro niño o la otra niña; esperad a ver cómo resuelve él la situación. Si después de todos vuestros esfuerzos él desea estar solo, no os preocupéis. Ya habéis hecho mucho, especialmente porque una caída es menos traumática que mantener una constante actitud pasiva evitando el contacto con los demás.

MOTÍVALO PARA QUE SE ATREVA A CORRER RIESGOS

En general, cuando los niños no se animan a correr riesgos es porque sienten miedo a fracasar e imaginan cosas negativas acerca de sí mismos, casi siempre referente a aquellas situaciones que tiene que afrontar. Por lo general, como en esta fase su fantasía está estrechamente ligada a lo que escucha tanto sobre sí mismo como sobre lo que sucede fuera de su hogar, no hará falta mucho más para que sea disuadido de cualquier intento de emprender nuevas aventuras si lo que oye es más negativo que positivo. Claro que «lo negativo» no siempre es tan fácil de ver. Por ejemplo, a un niño no se le dice «No pienses por ti mismo», pero en cambio los padres responden por ellos cuando se les pregunta qué quieren, adónde van o cómo se llaman; o definen sus gustos como cualidades inamovibles («No le convides con ese pastel, a mi hijo no le gustan las acelgas»). O bien fomentan que se considere un único punto de vista frente a determinadas cosas que tienen que ver con el comportamiento de los integrantes de

la familia («Tu padre siempre tienen razón cuando te dice algo»). También se le limita cuando no se acepta su modo de actuar y a cambio se le incita a sentir miedo («Si te portas mal vendrá el lobo malo a buscarte» «Todas las personas desconocidas siempre querrán hacerte algo malo»). O cuando se le reprocha continuamente fallos o se intenta «salvar» de los peligros en cuanto da el primer paso. A veces, incluso sin que se les diga nada especial, los niños no aceptan riesgos porque observan que sus padres no ponen entusiasmo cuando hacen sus cosas.

Por esto, si por ejemplo vuestro hijo de tres años quiere ponerse solo los zapatos y atárselos, no corráis a hacerlo vosotros por él. Dejad que pruebe, aunque se ponga el izquierdo en el derecho y el derecho en el izquierdo. Y lo mismo si quiere subirse a un banco de la plaza. Permitídselo y enseñadle que puede apoyar primero el abdomen para tomar impulso o que puede asirse de la parte más alta y hacer fuerza con los brazos hasta poner una pierna encima; o bien intentar subir una pierna colocando el cuerpo previamente de lado para quedar inmediatamente encima del banco. Para él, probar cosas más difíciles cada vez no aumenta su temor al fracaso; lo que aumenta sus miedos es que le impidáis correr riesgos, o ser desaprobado cuando hace algo en lo que ha puesto empeño.

DISCIPLINA Y NIÑOS CREATIVOS

Entre los tres y los cuatro años todos los niños suelen mostrar más claramente cuáles son sus inclinaciones y sus preferencias frente a determinadas actividades. Si bien ellos son creativos por excelencia, porque no se conforman fácilmente y siempre buscan nuevas alternativas, algunos presentan evidentes habilidades innatas: como tener una mayor destreza lingüística (son niños a los que se les oye relatar historias valiéndose de pequeños objetos de la casa para crear los ambientes, muñecos o figuras); una mayor creatividad para la lógica (les fascina probar mezclas de colores y detenerse a observar cómo lo han logrado); creatividad musical (les fascinan tanto las melodías y reconocen sonidos lejanos como los de las ambulancias, campanadas del reloj de la iglesia, u otros más tenues); creatividad para construir con bloques (demostrando una especial destreza para orientarse en el espacio; o bien para desarmar y armar sus juguetes; o bien dar muestras de tener una gran talento para valerse de los movimientos corporales).

De hecho, en esta etapa, es fundamental transmitirles confianza y paciencia para lograr lo que desean cuando están haciendo algo que les da placer. En principio, porque la creatividad implica no sólo tener ideas originales sino llevarlas a la práctica. Si vuestro hijo «ve» que una percha es un barco y coloca pinzas de la ropa en la parte superior, dejad que juegue con ella todo el tiempo que quiera, incluso que pruebe ponerla sobre el agua y observe cómo se cae. Los adultos, debido a las prisas y al ritmo acelerado de vida, a menudo solucionamos nuestros problemas imitando conductas conocidas una y otra vez, pero los niños no. Los niños no tienen miedo a ser tildados de excéntricos ni a ser criticados, así que no necesitan buscar resultados rápidos para mantener intacta su propia imagen. Respetad sus momentos de creatividad (fáciles de reconocer porque mantienen una atención tan precisa que nada los distrae, ni los estímulos del mundo externo ni ningún otro pensamiento) sencillamente porque para él son como acceder a un estado especial, diferente de todo lo que hace a lo largo de un día. Tampoco lo vigiléis ni le digáis cómo debe hacer las cosas mientras está abocado a su tarea, ya que cuando un niño se da cuenta de que es observado, el impulso creativo y el deseo de arriesgarse se ahoga, se esconde. Y, por supuesto, no cometáis el error de evaluar lo que ha hecho, o la próxima vez se centrará demasiado en los logros y en averiguar qué pensáis vosotros en lugar de gozar. Tampoco bajo ningún punto de vista entréis en falsos juegos competitivos. En esos momentos ellos no ven el mundo dividido en dos grupos, ganadores y perdedores como solemos hacerlo los adultos... Ellos sólo están disfrutando.

¿Cómo hacer que obedezcan incluso cuando están dando muestras de su creatividad?

- Míralo a los ojos y busca captar su atención. Utiliza un tono de voz bajo y sé directo. Usa una frase sencilla y preferentemente corta. Igualmente si está jugando a lo que más le gusta lo más probable es que aun mirándote te ignore como si no te oyera...

- Dale un poco más de tiempo del que le darías normalmente. Cuando le dices algo y esperas a que lo cumpla, le estás demostrando que confías en él. Tu hijo debe saber con anterioridad que si no cumple lo que le has dicho hay consecuencias, como tener que estar sentado un rato en el suelo y sin jugar (si tiene dos o tres años). Es el famoso «jugar al aburrido». Intenta cumplir siempre los límites que tú impones. Si tu hijo aprende que tus amenazas no se cumplen, no verás ningún resultado.
- Ten en cuenta que los niños, cuando sacan a la luz toda su creatividad, intentan poner constantemente a prueba la capacidad de firmeza de los adultos. De hecho, si son pequeños, prohibirles permisos o quitarles juguetes a esta edad no suele servir de nada. Lo importante es enseñarles a portarse bien eligiendo modos de transformar una conducta no deseada, por ejemplo enseñándole mil veces cómo lo debe hacer.
- No olvides el valor de las recompensas y los elogios cuando notas que se esfuerzan por mejorar un comportamiento negativo.

NIÑOS HIPERACTIVOS

En primer lugar los padres deberían discernir con ayuda de un profesional si se trata de niños hiperactivos o simplemente nerviosos. En el primer caso suele haber un déficit de atención, pero entre los dos o tres años puede ser absolutamente normal. El niño hiperactivo desobedece porque tiene síntomas de desatención; incluso en los juegos muestra errores por descuido y el trabajo escolar suele ser sucio y desordenado. Suele mover en exceso manos y pies y se mueven en su asiento, corre o salta en situaciones en las que resulta inadecuado hacerlo y tiene dificultades para jugar tranquilamente o dedicarse a actividades de ocio. Algunos niños hiperactivos hablan excesivamente y dan respuestas precipitadas, antes de escuchar las preguntas que se les van a formular. Según diversos estudios también la emotividad de los niños hiperactivos es muy variable: pueden pasar de la risa al llanto con cierta facilidad..., son explosivos, de rabietas constantes.

Inculcar disciplina en los niños hiperactivos es muy importante, pero los padres deben hacer hincapié en darles pautas claras y bien definidas: las órdenes no deben ser muy largas y siempre de una en una. Para estos niños es también muy importante que el ambiente familiar sea tranquilo, que se siga un orden de tareas y que se trate de un sistema de vida organizado. Y, por supuesto, hacerles sentir que se esfuerzan por mejorar es una de las claves para que se sientan seguros y confiados. A veces, darles pequeñas responsabilidades y no sobreprotegerlos es una buena forma de ayudarlos a estar más serenos para que desarrollen sus facultades.

Claves para reforzar una disciplina positiva de los tres años a los cuatro y medio

- En esta etapa los niños siguen comunicándose a través de su conducta incluso después de haber aprendido a dominar el lenguaje.
- Ningún niño en esta etapa (ni en ninguna otra) es capaz de razonar cuando está enfadado.
- Enseñarles reglas básicas de cortesía: dar las gracias, pedir por favor.
- No hay que esperar a que el niño haga cien veces algo mal para poner un poco de orden. Él no comprenderá por qué antes

sí se lo permitían y ahora no. Dejar para mañana es tan destructivo como amenazar, ya que esto produce resistencia a los cambios.

• Se deben dar opciones nuevas para mejorar la conducta, como el razonamiento de lo positivo, el diálogo, los acuerdos...

• Dar ordenes simples y tal como las debe ejecutar. Por ejemplo: «Ve a tu habitación y recoge todo lo que has dejado tirado por todas partes» no da buenos resultados.

• Cuando un niño tiene un berrinche, el objetivo de los padres tiene que ser cambiar el equilibrio de la comunicación, es decir, haced vosotros el esfuerzo de escuchar como él lo hace: prestando más atención al lenguaje corporal, a los temas que evita, a sus silencios...

«YO PUEDO»

DISCIPLINA DE LOS CUATRO A LOS SIETE AÑOS

EL INICIO DE LA FASE: ENTRE LOS CUATRO Y LOS CINCO AÑOS

> Marcos tiene cuatro años. Después del nacimiento de su hermana en el colegio pega a los demás niños, no hace caso a la maestra y, en casa, a todo responde «qué me importa», ya sea se le felicite o se le riña. Sus padres están desesperados porque a Marcos parece darle todo igual.

Una vez que los niños han descubierto su identidad, una vez que han probado distintas formas de reconocerse a sí mismos y se han dado a conocer al mundo, alrededor de los cuatro años aparece en su vida un nuevo desafío: mostrar lo que son capaces de hacer. Por esta razón, a la edad de los cuatro años se la llama «la edad de la anarquía». Y es que los niños, en lugar de estar atentos en descubrir cómo son y cómo relacionarse con otros niños como cuando tenían tres años, ahora buscan ponerse a prueba, competir con los demás y averiguar el alcance de su poder con los de su edad.

De hecho, es esta necesidad de ponerse a prueba lo que los

estimula para llevar a la práctica lo que han aprendido en las etapas anteriores, de ahí que muchos padres vean cómo sus hijos a esta edad buscan un especial protagonismo en la familia. Algunos lo logran mostrándose especialmente competentes y alcanzan dicho protagonismo haciendo cosas por y para el grupo (tanto cuando se trata de la familia como de los amigos). Pueden así hacer planes familiares meticulosamente o bien ayudar en las tareas del hogar como si se tratara de niños más grandes. Si obtienen logros y son admirados tanto por sus padres como por otros niños de su edad, se los podrá ver eufóricos, pero también muy deprimidos cuando sus proyectos se estancan y sienten que han fracasado. Y es que cuando lo que han hecho no satisface a las personas de su entorno (recordad que la energía y vitalidad de vuestro hijo tiene como principal objetivo demostrar que es capaz de competir), fácilmente se sienten agotados y con poca motivación.

Tampoco hay que olvidar que es esta necesidad de protagonismo lo que los hace ser muy insistentes en lo que se refiere a la necesidad de aprobación.

Para los padres, las constantes demandas pueden ser verdaderamente agotadoras, pero es importante que él se sienta reconocido, porque de lo contrario podrá buscar otras vías más incómodas para sentir que es visto por vosotros, como tener continuos berrinches, pegar a otros niños, dañarse él mismo...

Preguntas similares a «¿Te gusta a ti?» «¿Te sientes satisfecho con lo que has hecho?», o «¿Qué tal si colgamos tu dibujo en la pared?» son sólo algunas de las preguntas que a vuestro hijo le encantará escuchar y que le permitirá sentirse orgulloso de lo que hace. Porque de lo que se trata es de hacerle centrar su atención en sus capacidades, en el esfuerzo que ha hecho para alcanzar sus objetivos, y en la voluntad, más que en los resultados.

A medida que crecen y maduran, también el modo de afrontar los desaciertos desde el inicio de esta fase es diferente de cómo lo resolvería un niño mayor.

Un niño de cuatro años a quien se le cae la pintura al suelo mientras está dibujando con témpera y pinceles, en lugar de llorar como lo haría un niño de tres años, lo resolverá mediante la fantasía, por ejemplo diciendo «Ha entrado un gigante por la ventana y la ha tirado», mientras que un niño de cinco años o de seis puede sentirse avergonzado si ha sido él, debido a que comprende las consecuencias de sus actos de un modo más real y concreto. Es evidente que la respuesta de un niño de cuatro años no debería ser considerada una mentira porque la diferencia más importante es que el niño de cuatro años cooperará para solucionar el problema con mucha más predisposición y colaboración que cuando tenía tres.

Qué evaluar de una etapa a otra

Una cuestión significativa en los inicios de esta fase es que la mayoría de los niños de cuatro años, por más que aparenten ser más maduros, no dejan de tener reacciones y comportamientos similares a los que los caracterizaba en la fase anterior, y esto es algo que los padres deberían siempre tener en cuenta. Por ejemplo, no es de extrañar que se comporten insistentemente y se muestren fácilmente excitados demandando atenciones de todo tipo como cuando eran más pequeños («Tengo hambre» «Quiero agua» «Vamos a jugar»). Incluso, puede ser que sigan chupándose el dedo antes de dormir, pero no cada noche.

Algunos padres, frente a estas actitudes, creen que los cuatro años de su hijo no concuerdan con el resto de los niños y los etiquetan de «demasiado infantiles», y los tratan de un modo inferior a sus posibilidades, lo cual no es la mejor opción. Al contrario, los niños que mantienen comportamientos de etapas anteriores están regresando a comportamientos conocidos a fin de recuperar la seguridad interior. Por ejemplo, un niño que a los cuatro años se chupa el dedo para ir a dormir, podría estar indicando que necesita un muñeco o una manta a quien abrazarse porque se siente desprotegido frente al desafío de quedarse solo en su habitación. ¡Chuparse el dedo es una forma de descargar tensiones frente a la necesidad de estar cerca de los padres!, por lo cual a veces más caricias y actividades antes de ir a la cama, relajantes como contarle un cuento o escuchar música, suelen dar resultados excelentes. Por último, es conveniente que sepáis que otra de las conductas que los niños suelen arrastrar de la etapa anterior (hasta los cuatro años y medio aproximadamente) es comportarse de un modo nómada: incluso hasta puede resultar imposible lograr que se siente para comer. Esta tendencia a no permanecer quieto frente a ninguna actividad puede requerir de una constante exigencia de disciplina por parte de los padres, que deberán enseñarle que cuando se hace una cosa no se hace otra.

Alrededor de los cinco años, cuando vuestra hija o vuestro hijo se comporte de un modo más sedentario, descubriréis una nueva faceta de su personalidad: estará encantado de que le permitáis colaborar en las actividades cotidianas de la casa. Insistirá en hacer pequeños recados, en ayudaros a limpiar, a ordenar, a clasificar, a organizar... Al ser más consciente de las reglas del hogar, también se vuelve más responsable de sus actos. Ya habrá aprendido a controlar un poco más sus impulsos, a pensar antes de actuar y de responder, y ciertamente quiere demostrarlo. Puede que en un momento se muestren vacilantes, perezosos, indecisos, y luego, sobreexigentes y explosivos: en tales casos es complicado satisfacer sus necesidades porque sus gustos y sus decisiones varían con extrema facilidad y en fracciones de segundos.

Pero este oscilar de un estado a otro, no quita sin embargo para que ellos igualmente se esmeren al máximo en llevar a cabo sus proyectos, si bien suelen decepcionarse con facilidad y abandonar lo que han comenzado si no sienten que lo que están haciendo es importante. Ésta, sin duda, es una característica importante de los niños de cinco años, por lo cual a menudo es fundamental ayudarlos a que puedan darse cuenta de que sólo es posible sentirse orgullosos de sus realizaciones si aprenden a hacer las cosas paso a paso. ¡No es raro ver a un niño de cinco años con un berrinche porque las cosas no salen como ellos las han planificado! Y debido a que su percepción del tiempo es del aquí y ahora mucho más que del futuro inmediato, los pasos deberán ser trazados por ellos. Los padres pueden colaborar preguntándole qué harás primero y qué después, pero nada más.

DISCIPLINA CUANDO PASAN DE LA ETAPA DEL «¿POR QUÉ?» AL «¿CÓMO?»

> Carlota tiene cuatro años y medio. Desde hace varios días está preocupada porque ha escuchado en la televisión que ha habido inundaciones en una población cercana a su casa. «¿Y cómo saldremos de nuestro edificio si llegan aquí?», pregunta Carlota a su madre. Después se va a jugar con sus muñecas y mediante el juego resuelve el problema. «No te preocupes –dice a la muñeca–, mis amigos te sacarán de aquí», y con un avión engancha por la ropa a la muñeca y la libera de la zona de las inundaciones...

Hasta los cuatro años, aproximadamente, los niños atraviesan la etapa del por qué. A partir de esta edad lo que más les interesa es cómo suceden las cosas. Aunque su mundo todavía está entretejido de acontecimientos reales e imaginarios y no tiene un pensamiento lógico, su actitud científica los lleva a indagar, a observar los procesos, a descubrir semejanzas y diferencias, a clasificar... Y cuando no comprenden algo, generalmente encuentran en la fantasía una respuesta a su medida. De hecho, incluso hasta los cinco años todavía viven «entre dos mundos», el de la imaginación y el mundo real y adecuarán la realidad a sus propios intereses y a su antojo. ¡Y ésta es la razón principal (y no otra) por la cual a veces les sigue resultando complicado darse cuenta de que sus actos negativos tienen consecuencias negativas!

En efecto, la impulsividad en esta etapa no está controlada al cien por cien y si han pegado o dañado a alguien, lo común es que por un lado se esfuercen por averiguar hasta el último detalle qué ha ocurrido para saber hasta dónde están implicados, mientras que no es raro que lo resuelvan diciendo que el otro ha tenido la culpa y acomoden las cosas a su antojo. En estos casos lo mejor es sentarse y hablar sobre cómo se desarrollaron los hechos.

LOS «CÓMO» QUE PARECEN DIFÍCILES DE RESPONDER

¿Hasta dónde está ligada la disciplina a la confianza que los niños puedan tener hacia sus padres? La respuesta es obvia. Si un niño está seguro de que sus padres le van a decir siempre la verdad, sin duda aprenderá que puede confiar en ellos.

Por ejemplo, ¿quién no ha escuchado alguna vez de boca de un niño de cinco años «Mamá, ¿el abuelo también se va a morir?». Sin duda este tipo de preguntas sobrepasan la capacidad de equilibrio interior de muchos padres. Pero a estas edades, lógicamente, la mayoría de los niños quieren saber sobre cuestiones como el nacimiento o la muerte, y más si saben que algún familiar está enfermo. En muchos casos, aunque parezca que estan atentos a sus juegos, suelen estar muy pendientes de los comportamientos, reacciones y comentarios de las personas mayores cuando hay un problema de este tipo, y muchas de las cuestiones que preguntan ya tienen en parte respuestas (porque las han oído).

Cómo nacen los niños o cómo se mueren las personas suelen ser algunas de las preguntan frecuentes. De hecho, no responder o dar respuestas parciales no es de gran ayuda. Al contrario, puede hacer que el niño, al percibir que algo se les oculta, dispare su fantasía y sienta un gran temor. Es como si se dijeran: «Si no me cuentan qué pasa, seguro que debe de ser algo muy grave y estoy en peligro». También se sentirán con poca confianza para expresar sus dudas e incluso se sentirán inhibidos.

> Cuando Raquel tenía tan sólo cinco años y medio se le ocultó que su abuela se había enfermado gravemente y que estaba ingresada. Un día, Raquel vio a su madre abrir un sobre que llevaba el sello de un hospital y, cuando le preguntó de qué se trataba, la única respuesta que obtuvo fue «No tiene que ver contigo». Raquel siguió jugando aparentemente conforme con la respuesta, pero instantes después rompió a llorar desconsoladamente, y le dijo a la madre que era «tonta y mala». Cuando su madre le preguntó qué le ocurría le confesó que seguramente dicha carta del hospital le anunciaba que ella también se moriría como le iba a ocurrir a la abuela.

Es evidente que cada familia va a responder según sus propias creencias y que deberá plantear las respuestas en términos de «nosotros pensamos» «nosotros creemos...».

Otra pregunta clave es la del nacimiento. Pero aquí puede complicarse la respuesta si los padres no se desembarazan de los propios pudores. Y como no hay preguntas prohibidas, lo ideal es dar información acorde a la edad, progresiva, dosificada, en la medida que satisfaga la inquietud del niño.

Y lo mismo ocurre con las preguntas relacionadas con la sexualidad. Porque son los padres los que deben hacerse cargo de la educación sexual de sus hijos. De ahí que haya que propiciar diálogos en familia sin que tengan una solemnidad especial, sobre todo ahora que los niños están expuestos a ver situaciones sexuales en la televisión o en internet. Hay cosas que los padres enseñarán, hablando del tema abiertamente y otras que se transmitirán en forma no verbal, a través de actitudes y gestos, como cuando ven que los padres se abrazan o se dan una caricia.

Cuando los hijos ven que hay cariño, respeto y ternura entre los padres, aprenden a tener una actitud positiva frente a la sexualidad. También es importante tener la regla básica a la hora de hablar con los hijos de la sexualidad: llamar a cada parte del cuerpo por su nombre, explicando sus funciones. Cambiar términos como pirulín, patata, pichurra, en lugar de hablar de pene y vulva, siempre conduce a confusión. También hay que dejar a un lado las palabras groseras y explicarles que hay denominaciones más vulgares que no son respetuosas con el propio cuerpo, pero ¡tranquilos!, ya llegarán ellos con toda la información porque la han aprendido de otros niños en la escuela. Por tal motivo, siempre hay que dejarles la puerta abierta para preguntar y nunca ridiculizarlos.

Seguramente un papá o una mamá de un niño de cuatro años recordará cómo a partir de los dos o tres años aparecieron las primeras dudas: «¿Por qué los niños y las niñas somos diferentes? ¿Por qué las niñas no tienen pene? ¿Por qué los nenes no tienen tetas? ¿Por qué no me puedo casar con mi papá?». Y si entonces no se le reprimía con palabras como «Cochino, eso no se dice», tampoco deberá hacerse ahora que son mayores. «Ahora toca enseñar que el cuerpo tiene partes privadas que no puede tocar cualquiera.» Otra forma de inculcarles lo que es la intimidad es evitar que el hijo duerma en la cama de los papás, mezclando los espacios personales. Si ya no quiere bañarse acompañado o prefiere enjabonarse solo, también hay que respetarlo.

Entre los tres y los seis años es normal que se acerquen a sus hermanos o amigos para observarlos. Si los padres sorprenden a sus hijos dándose besos con otros amiguitos o jugando «a los médicos» no hay que espantarse. Como tampoco cuando entre los cuatro o cinco años descubren su cuerpo y lo acarician porque sienten placer. A estas edades no buscan una satisfacción sexual, sino una satisfacción a secas.

Se trata pues de un ensayo. Cuando sean mayores y vaya integrando otra información y otros valores, estos «juegos» serán en privado y mucho más esporádicos.

CÓMO ENFRENTARSE A TODAS LAS PREGUNTAS

Rosa es periodista. Me cuenta que su hijo, Iván, de seis años, llegó un día del colegio diciendo que un compañero le había dado un beso en la boca. Ella no se espantó, pero quiso saber cuál fue la respuesta de su hijo: «Le dije que no me gustaba». Entonces ella le explicó que darse besos en la boca no es algo que hacen los niños y prosiguió: «Todo lo que te haga sentir incómodo debes rechazarlo porque nadie puede hacerte algo que tú no quieres». (El abuso sexual se da con diferencias de edades incluso antes de los siete años.) También hay que tener en cuenta que si el niño ve al padre o a la madre asustada y siente miedo, hay que indagar, por más que haya interrogantes de los hijos que pongan los pelos de punta. No obstante no hay pregunta, por incómoda que sea, que no se pueda responder con éxito. En cualquier caso:

• Cuando debas responder a algo que aún no has asumido, es importante no dar a los niños respuestas inciertas, más aún cuando se trata de temas relacionados con una enfermedad grave, la adopción o la muerte, especialmente porque en esta etapa entienden que la muerte equivale a no poder hacer nada, no poder caminar, ni ver, ni sentir.
• Di siempre la verdad aunque te dé miedo cómo va a reaccionar. Si no sabéis qué responder ante una pregunta en un momento determinado, di: «Tengo intenciones de responderte, pero dame tiempo para pensar cómo voy a explicártelo».
• Tened en cuenta que sólo si demostráis que sois coherentes y que es verdad cuando afirmáis que con mentiras no se llega a ninguna parte, él o ella no sólo sabrá que puede confiar en vosotros sino que le será más fácil aprender a expresar sus sentimientos íntimos cuando busque vuestro apoyo...

ALGO BÁSICO EN LA ETAPA DEL «YO PUEDO»: FOMENTAR EL SENTIDO DEL HUMOR

A veces los niños en esta etapa pueden parecer muy solemnes, especialmente cuando viven en un ambiente donde no hay mucho sentido del humor. Probablemente porque los padres ignoran que el humor es una vía de escape excelente para liberar tensiones e incluso para fomentar una disciplina positiva. Sí, porque mediante el humor, tanto niños como adultos están preparados para descubrir distintas posibilidades frente a una misma situación, a desdramatizar y, como consecuencia de ello, a desarrollar una mayor inventiva y a resolver asuntos cotidianos con mayor creatividad. Sin contar que recientes investigaciones han demostrado que el humor da confianza, equilibrio y un gran aporte de energía extra.

En esta nueva fase, en la cual son ellos quienes se imponen constantes desafíos, en los juegos del como si (como si fuera una mamá, como si fuera un bebé, como si fuera una planta, como si fuera un tigre, como si fuera una papá, como si fuera una gaviota, como si fuera una piedra...) los niños aceptan e incluso buscan la complicidad de los padres. Estos juegos que le permiten al niño transgredir la realidad, también le dan la posibilidad de reírse de aquello que le desagrada, que lo sorprende o lo frustra; de burlarse e, incluso, de desafiaros cuando las normas son muy estrictas; por ejemplo, cayendo al suelo y, tras llorar por haberse ensuciado la ropa, reír a carcajadas. Es como si dijera «Hago que me he caído y que me he ensuciado, cosa que a vosotros os desagrada, pero ambos sabemos que no es verdad».

Actividades que potencian el sentido del humor

¿Qué puedes hacer con tu hijo para potenciar un ambiente positivo en casa? Por ejemplo inventar historias divertidas y absurdas recortando figuras de distintos animales y poner a uno los pies, la cabeza o el cuerpo de otro…; contar dos cuentos mezclados (a partir de cinco años, por ejemplo el de «Blancacienta», alternando secuencias del cuento de Blancanieve y del de Cenicienta, jugando con trabalenguas; cantar juntos canciones que él o ella conozca pero equivocándose siempre en una misma palabra que se repita; permanecer tendidos de espaldas en la cama con la cabeza echada un poco hacia abajo para mirar el mundo al revés; jugando a decir cosas sólo con mímica, con gestos o expresiones faciales. ¡Más cualquier otra cosa que el padre y la madre saquen de su creatividad! Reír con un hijo de las mismas cosas que para ellos son divertidas es demostrarles que, como adultos, los padres son capaces de estar en sintonía con ellos no sólo para enseñarles cosas, sino, lo más importante, por el simple placer de disfrutar y de compartir.

AYÚDALO A ASUMIR FRACASOS

Cuando tienen entre cuatro y cinco años, muchos niños empeoran su conducta cuando, tras pensar en un proyecto de una actividad, lo único que consiguen es acumular frustraciones. En tales casos, los niños suelen mostrarse tan arbitrarios, autoritarios y dogmáticos que no ven que puede existir otro modo de hacer las cosas, y tampoco aceptan ninguna idea. Más aún, no es de extrañar que cuando se sienten frustrados en esta etapa corrijan a su madre o a su padre cuando dicen algo que para ellos es diferente de lo que conocen, o que en medio de un supermercado armen un verdadero escándalo sencillamente porque no está la caja de cereales que generalmente consumen. En efecto, los cuatro y los cinco años tampoco se caracterizan por su sentido ético, ¡y ni qué contar cuando se imponen ante los demás a gritos!

Todo esto es más que suficiente para que los padres se armen de mucha paciencia. El autoritarismo de un niño de cuatro años puede llegar a límites insospechados, ya que además, como se dejan llevar por impulsos, no dudarán en decir y hacer lo primero que les venga a la mente. Algunos padres creen que el único modo de parar tanto ímpetu es avergonzando a los niños en público, lo cual a menudo empeora las cosas, y no es raro que el niño acabe recriminándo a los padres que no es él el causante del problema: «Si no me hubieras traído aquí, yo no te habría gritado», o bien: «A ti se te ocurrió comprar cereales, no a mí». En algunos casos, cuando el dogmatismo los lleva a rivalizar tanto con los adultos como con otros niños, suelen además mostrarse intolerantes e, incluso, manifestar conductas agresivas. Esto, lógicamente, no quiere decir que la mayor parte del tiempo se comporten de un modo amistoso y que sean comprensivos y cariñosos, pero lo cierto es que cuando desean controlar la situación y se sienten limitados por algún motivo son capaces de organizar verdaderas luchas de poder, por ganar en los juegos, por vencer en algún aspecto a sus hermanos y hasta por competir abiertamente por el cariño de los padres.

Enseñarles a cooperar

A los cuatro años el mejor modo de mejorar la disciplina es enseñando a los niños a cooperar. Por ejemplo, podéis organizar en vuestro hogar reuniones familiares (por ejemplo una vez por semana) para debatir un tema que os atañe a todos para que aprenda a aceptar otros puntos de vista y haga el esfuerzo de adaptarse a ellos. Podéis pedirle que prepare un centro de mesa con frutos secos... Paulatinamente, como también mostrará interesarse por otro tipo de desafíos intelectuales, es interesante que toda la familia participe de juegos como los puzzles, libros donde puedan pintar o tengan que encontrar la salida de un laberinto (buscad aquellos que sean acordes a su edad)... Como también le llamarán especialmente la atención los cuentos absurdos, recurrid a ellos para «la hora de la lectura», ya que suelen ser muy divertidos y generalmente vienen provistos de recursos para que los niños jueguen con ellos, como agujeros en la primera página para ver qué hay del otro lado, o algún objeto adherido que, al presionarlo, emite un sonido. Tampoco dejéis que en su biblioteca falte algún libro donde los personajes logren cosas aparentemente imposibles y, por supuesto, alguno donde se expliquen fábulas sencillas de comprender.

Es importante que, como padres, comprendáis que el objetivo de estas reuniones, y estos «momentos compartidos» es disfrutar pero también enseñarles a ser tolerantes. Es decir, que no son juegos y actividades en grupo para competir, ni para avergonzar a nadie ni para buscar aliados. Y lo mismo cuando surge algún problema, entonces invitadlo siempre a encontrar soluciones que beneficien al grupo con preguntas similares a «¿Cómo podríamos resolverlo?». Estas preguntas son muy eficaces para enseñar a los niños a buscar soluciones «basadas en el nosotros» antes, que «basadas en mí». De todos modos, si alguno de vuestros hijos tiene menos de tres años, sin duda será imposible intentar razonar con él, pero es importante darle la oportunidad de que participe. Cuando surjan oposiciones o rivalidades no abandonéis la reunión motivados por los sentimientos negativos del momento. Esto es algo que no se puede hacer hasta llegar al menos a una solución o a un acuerdo. Por último hay que recordar que los niños a estas edades pueden realizar tareas para la familia que impliquen una mínima dosis de responsabilidad. Tareas rutinarias, que incluso se pueden incorporar a partir de los tres años y medio. Por ejemplo podéis pedirle que guarde algunas cosas de la compra –como las patatas– una a una en el sitio que corresponde, o que ponga las pinzas de tender la ropa en un cubo de plástico, o que recoja las bolsas de plástico del supermercado y las tire en el cubo correspondiente.... Obviamente, en la mayoría de los casos, la «cooperación» de un niño de estas edades puede ser al principio más un dolor de cabeza que una ayuda en sí, pero debéis tener paciencia y confiar en que será capaz de lograr sus objetivos. Durante las primeras experiencias, no obstante, puede ser incluso conveniente que estéis a su lado para ayudarlo, por ejemplo, poniendo los elementos que necesita a su altura... Y por favor, lo más importante: ¡demostradle siempre, independientemente de cómo lo haya hecho, que su trabajo no sólo ha valido la pena sino que os alegráis de contar con su ayuda! De igual modo, también podrán realizar otras actividades que son beneficiosas para la familia dependiendo de su madurez tales como...

- Ubicar en distintas cajas fotos antiguas.

• Poner algunos elementos en la mesa a la hora de comer: pan, galletas, servilletas, vasos (si son de plástico)...
• Seleccionar la ropa o los juguetes que se desean entregar a una causa benéfica.
• Cuidar de un animal o una planta: darle agua y comida, atender sus necesidades, limpiar el sitio en que habita...
• Poner flores en el jardín o en el balcón.
• Juntar las hojas secas que caen en el balcón en otoño.
• Sacar el polvo con un plumero.
• Ordenar las cintas de vídeo o libros.
• Ayudar a recoger la mesa.
• Preparar una fiesta de cumpleaños o la decoración de Navidad.
• Preparar un sencillo pastel o galletas.
• Barrer.
• Colocar fideos, arroz, lentejas y otros productos de la compra en sus respectivos tarros.
• Ayudar a preparar el desayuno o la cena.

El objetivo, como es lógico, no es que vuestro hijo esté ocupado todo el tiempo, sino ayudarle a que aprenda que hay actividades y decisiones en las que se implica toda la familia buscando el interés común. De hecho, este tipo de actividades es lo que les ayuda a aplicar sus propias soluciones a los problemas, y aprenden de este modo que no sólo existe una forma de hacer las cosas, o un único punto de vista.

CÓMO PUEDEN DISTINGUIR LOS PADRES EN ESTA ETAPA ENTRE FANTASÍAS Y MENTIRAS

A medida que tu hijo crezca, ten en cuenta que su imaginación también se agudizará y, a causa de ello, pocas veces sabrá distinguir entre sus sentimientos y sus deseos y lo que realmente ocurre en el mundo real. Para algunos padres, no obstante, los niños siempre mienten, y pocas veces se detienen a pensar que la imaginación y la fantasía de un niño no es algo que funcionan independientemente de sus experiencias y del modo en que ve el mundo, sino que es desde donde ven la realidad, su compresión del mundo.

Por esa razón, tratar a los niños de «mentirosos», burlarse, hacerles observaciones irrespetuosas o preocuparse, simplemente porque los niños son imaginativos, acaba haciéndolos sentir culpables. Más aún cuando sus historias ficticias no siempre son el resultado de un simple juego sino que nacen a partir de una necesidad.

En algunos casos, esta necesidad puede verse cuando los niños fabulan para escapar del mundo real y puede ser que incluso tengan un amigo invisible con quien entablan un tipo de relación más cordial que la que viven en su hogar. Si el niño está permanentemente controlado por sus padres y percibe el mundo como un sitio peligroso, o bien si no se adapta a un nuevo colegio o ha nacido un hermanito, puede valerse de un amigo imaginario para superar la sensación de soledad y sentir que es aceptado. Por eso, el amigo imaginario no siempre es una copia exacta de lo que es él, a veces puede tratarse de una representación de aquellos aspectos que él desearía tener para no sentir rechazo, miedo, abandono o soledad.

Ahora bien, si dice que no ha podido dormir la siesta porque su «amigo» imaginario ha estado pidiéndole que juegue con él, aunque no hay que pensar que nos está contando una mentira, no es conveniente dejar que sea quien decida cómo deben hacerse las cosas en la intimidad del hogar. Si el niño descubre que puede dominar diversas situaciones a su antojo mediante este tipo de recursos, entonces los padres deberán mantenerse más firmes que de costumbre en sus decisiones y, lógicamente, buscar las verdaderas causas que lo llevan a aferrarse a esta clase de fantasías... Las mentiras son muy frecuentes en los niños, pero no hay que alarmarse, salvo que se repitan con demasiada frecuencia. Muchas de ellas responden tan sólo al miedo: miedo al castigo, miedo a defraudarnos; o sencillamente para impresionarnos.

Por ejemplo, cuando un chico le echa la culpa a su hermano por alguna cosa mala que ha hecho él, lo que busca es librarse del castigo y evitar por todos sus medios no perder el amor de sus padres. Es importante, entonces, enseñarles al niño a buscar soluciones y no a encontrar culpables.

Si bien todas las mentiras no son iguales, hay que explicarle que siempre se trata de una mentira. También se debe tener en cuenta que el ejemplo que demos los mayores también repercutirá en el pequeño. Si mentir es una constante en la familia, inevitablemente los más chicos imitarán esa actitud. Por otro lado, muchos psicólogos aseguran que las mentiras de los niños pueden estar indicando una necesidad de mayor comunicación con sus padres.

MENTIRAS Y MÁS MENTIRAS...

Aunque ciertamente no se puede hablar de mentiras como una falsificación premeditada de la realidad y con el fin de engañar (al menos hasta los seis o siete años), un niño más pequeño puede mentir por imitación, es decir, porque copia el comportamiento de uno de sus padres. En realidad, se trata de mentiras relacionadas con situaciones que le causan temor, por ejemplo en un niño cuyos padres se han separado y se ve obligado a mentir por miedo a no ser querido, abandonado, o porque teme que se le haga daño a uno de los padres, generalmente a aquel que lo cuida, le proporciona más

afecto o está más comprometido emocionalmente, debido a que se siente culpable, inferior, o para liberarse de su rabia y de su sensación de soledad. En tales casos, si bien puede ser más fácil para los padres impedir que los niños mientan, no siempre para ellos es lo más beneficioso, ya que generalmente se trata de un período transitorio en el que encuentran el único modo de expresar sus dudas, sus temores y su curiosidad. Así que si descubrís que vuestro hijo miente porque tiene miedo al abandono, discrepar, aconsejar o minimizar el tema para resolverlo de un modo rápido (por ejemplo mediante preguntas similares a «¿Eso te preocupa? ¿Que tu padre y yo nos hayamos separado? No veo por qué le das importancia a esas cosas»), le haréis sentirse culpable. En cambio, si le ayudáis a expresar sus sentimientos sin reproches ni hacerlo sentir avergonzado, con el tiempo muchos de esos temores que ahora le causan ansiedad se diluirán por sí solos…

Pensad que en estas edades la ansiedad que puede experimentar vuestro hijo o vuestra hija frente a una pérdida también se suele acrecentar debido a otros temores propios de esta etapa: miedo a los fantasmas, a los brujos y brujas, a seres fantásticos y malignos que pueden aparecer en cualquier parte; el miedo que experimentan ante ciertos fenómenos atmosféricos como truenos y rayos y, como les ocurre a la mayoría de los niños, a la oscuridad. Por esta razón, es importante que tengáis especial cuidado en no exagerar esos temas delante de él o de ella, o dejar que otras personas, por ejemplo los abuelos, los asusten con ellos. Desgraciadamente, la tradición y los cuentos populares, han influido negativamente en este sentido, y los mayores no siempre consideran tan grave asustar a los niños con el «hombre del saco». Así que si vuestro hijo os dice que tiene miedo, deberéis encontrar rápidamente el momento oportuno para hablar con él. Como es lógico suponer, seréis vosotros quienes tendréis que dar el primer paso para iniciar la conversación, ya que en la mayoría de los casos los niños no suelen ser muy explícitos cuando se trata de hablar de sus temores, sencillamente porque tienen miedo a que algo malo les ocurra o a que sus padres los juzguen negativamente si cuentan qué les pasa. En este sentido, una frase simple como «¿Hablamos?» o «Cuéntame lo que te preocupa...» pueden ser suficientes para que se sienta confiado y dispuesto a hablar de lo que le sucede. En otros casos, puede ser que necesitéis avanzar un poco más de prisa y decirle directamente «Me parece que hay algunas cosas que te asustan (pausa). A mí a veces también me ocurre (pausa). ¿Me las quieres contar?» Si en esos momentos vuestra hija o vuestro hijo no quiere hablar, es mejor no insistir, pero si da señales de que le apetece hacerlo, esperad hasta que se sienta cómodo.

Si vuestro hijo os dice, por ejemplo, que teme a los fantasmas, explicadle que los fantasmas sólo existen en la imaginación de la gente y que por eso nunca nadie ha visto ninguno. También puede ser positivo que juntos dibujéis lo que le da miedo o que modeléis juntos con plastilina (o con arena en la orilla del mar) aquellos monstruos que habitan en su imaginación.

Cuando se trata de otros temores, como puede ser el de verse privado de la madre o del padre, no es de extrañar que se despierten muchas veces de noche para averiguar si todo sigue en su sitio, pero obviamente aquí lo más conveniente es llegar a algún tipo de acuerdo a fin de que el hábito no se prolongue. Por ejemplo, podéis decirle que duerma tranquilo porque uno de vosotros se levantará a verlo varias veces por la noche y, por supuesto, hacedlo durante un período breve de tiempo, incluso despertadlo si es necesario para que vea que habéis cumplido vuestra promesa. O bien dejadle en su cama su muñeco predilecto para que esté a su lado o una luz tenue encendida, en especial si estos temores van acompañados de terrores nocturnos o de pesadillas, ya que la diferencia entre unos y otras es lo que os dará la pauta de cómo actuar. Especialmente porque los terrores nocturnos se producen por lo general durante las primeras horas de la noche y los niños prácticamente no recuerdan qué los ha hecho llorar o gritar (con lo cual lo más conveniente es no preguntarle nada de lo ocurrido... simplemente porque no lo sabrán). Las pesadillas, por el contrario, se producen casi siempre en la fase final del sueño y pueden ser recordadas con facilidad, en especial si han pasado mucho miedo. Como generalmente las que más los asustan son aquellas en que aparecen animales grandes, como osos, perros enormes, dinosaurios, hormigas y arañas gigantes..., resulta interesante animarlos a que los plasmen en un papel, dejando a su disposición muchos colores, o bien que los modelen con plastilina y con vuestra ayuda si es necesario. Cierta vez conocí a un niño de cinco años que decía «Sueño con esos horribles y asquerosos monstruos que me parece que salen de las hamburguesas que mi mamá no me deja comer».

En cualquier caso, de lo que necesitáis ser conscientes es de que mientras ayudáis a vuestro hijo o a vuestra hija a afrontar sus temores, van aprendiendo a aceptar sus sentimientos como algo natural, y que en la medida en que los aceptan, el temor a estos seres imaginarios tiende a desaparecer. En algunos casos, incluso deberíais estar preparados para que después de contar una pesadilla en la que los personajes malos erais vosotros o cualquier otro integrante de la familia, vuestro hijo hasta puede llegar a deciros «Os odio» u «Odio a mi hermano recién nacido». Si en esos momentos no sabéis qué responder y os quedáis como si os hubieran arrojado un cubo de agua fría, o bien os enfadáis, el niño se sentirá culpable por haber dicho aquello que siente. Pero si, en cambio, se le hace ver que es normal que se encuentre dolido y que igualmente tiene el cariño de su familia, aprenderá a comunicar con facilidad no sólo sus emociones positivas sino también las negativas.

Cuando tienen cinco años o más, tened en cuenta que un método interesante para ayudarlos a contar sus miedos consiste en elegir un sentimiento y hablar de él. Por ejemplo, le podéis explicar qué es el gozo contándole lo que tú y tu pareja sintieron el día que él o ella nació, o cuando supisteis que ibais a tener un hijo. Explicadle que se trata de una alegría profunda, como cuando estáis muchas horas lejos de casa y llegáis por la noche y os dais cuenta de que todos están satisfechos con las experiencias que han tenido a lo largo del día. Dejad que él os cuente cuándo ha tenido un sentimiento similar. Quizá cuando le regalaron una mascota, o el día de la fiesta de su cumpleaños. Habladle, en diferentes oportunidades, de lo que significa sentir agobio, incertidumbre, tristeza o pena, por ejemplo, asignando unos momentos cada dos o tres días. Aunque sólo se trate cinco minutos antes de ir a la cama o después de leerle su cuento predilecto. Normalmente a los niños les encantan estos minutos privados con mamá o papá, en especial porque los hace sentir importantes... ¿O acaso no es verdad que dejáis de preocuparos por vuestras cosas para estar con él? Por último, también tendréis que tener en cuenta que los niños tienen sus propios problemas y que no siempre desean contar lo que les pasa. En esos casos, un mensaje que les permite sentirse aliviados es: «Si me necesitas, llámame; estaré contenta de poder ayudarte». Y lógicamente, hacedlo, ¡aunque la demanda por parte de tu hijo sea a las cuatro de la madrugada! Pensad que aprender a identificar los sentimientos es un aprendizaje que si bien comienza en la infancia no acaba con ella, así que sed pacientes... Fundamentalmente porque para vuestra hija o vuestro hijo en estas edades los sentimientos sólo pueden clasificarse en dos categorías: «satisfactorios» o «desagradables». A veces, no obstante, cuando ya han logrado comprender que los sentimientos negativos son un paso importante que sirve para descubrir otros más positivos pueden mostrarse más confiados y hablar de lo que les ocurre con una mayor espontaneidad, pero esto tal vez no ocurra hasta que tenga siete años. Por ahora, recordad que si él cree que tiene sentimientos negativos porque es «malo», éstos se incrementarán y probablemente desarrolle un fuerte sentido de autocrítica que puede derivar, según los expertos, en trastornos relacionados con la ansiedad, como la vergüenza, el miedo a relacionarse con personas desconocidas, o la timidez.

DISCIPLINA EN LA ETAPA FINAL DE LA FASE DEL «YO PUEDO». ENTRE LOS SEIS Y LOS SIETE AÑOS

Alrededor de los seis años, los niños vuelven a experimentar importantes cambios físicos y emocionales. En especial el aumento de estatura provoca un desorden respecto de su imagen corporal, haciéndolos a veces parecer incluso distraídos o torpes. Algo así como si en muy poco tiempo hubieran quedado definitivamente atrás las formas que caracterizaban al niño pequeño y la seguridad de sus movimientos. No será raro ver que el niño se cae con frecuencia, que calcula mal los espacios por donde va a pasar y que a menudo se golpea... Sí, ¡como si no «mirase por dónde van»! A esto, no obstante, hay que sumarle que desde el punto de vista emocional y psicológico la etapa de los seis años a los siete y medio es muy parecida a la que vivieron cuando tenían dos (etapa de la oposición), con lo cual no es raro que pasen de una emoción a otra diametralmente opuesta en fracciones de segundos debido a que se sienten inseguros frente a los cambios que experimentan. Por ejemplo, un niño le puede decir a su madre que la ama y, a los dos segundos, que la odia. Como es de imaginar, esta permanente tensión interior, a menudo les impide quedarse quietos en algún sitio, incluso los hace estar con malhumor, mostrarse contradictorios, inconformistas, impacientes, críticos, o tomarse todo lo que se les dice de un modo dramático y exagerado. Sin contar que, como se excitan fácilmente, los padres deberán muchas veces ser extremadamente cuidadosos con sus palabras si desean un poco de tranquilidad en el hogar debido a que suelen mostrarse muy sensibles. Por esa razón, si bien es cierto que por lo general esta tendencia a ir de un extremo a otro, de la total pasividad a la actividad sin descanso, de la necesidad de estar solos a querer hacer cada día una fiesta, es propia y natural de esta etapa, los padres no deberían formularles preguntas del tipo «¿Se puede saber qué te pasa?» «¿Te quedarás quieto en algún momento?»; o bien «¿Es que no tienes amigos con quienes jugar un rato?». A estas edades lo más probable es que no sepan qué contestar y se sientan confusos o agredidos; y que reaccionen replegándose o enfrentándoos porque... ¡simplemente están así!

Algo a tener en cuenta

Si vuestro hijo tiene seis años o más, lo mejor que podéis hacer por él es utilizar vuestras habilidades de persuasión, ya que de lo contrario le estaríais dando argumentos para que lleve a cabo uno de los principales objetivos de esta etapa: enfadarse para intentar separarse emocionalmente un poco más de su madre. En efecto, a esta edad los niños añoran aquellos años en que eran más pequeños y se les abastecía de todo cuanto necesitaban, pero al mismo tiempo desean comportarse como si fueran mayores. La prueba de esta confusión interior también es fácilmente observable en cuestiones cotidianas, ya que les cuesta mucho decidirse, por ejemplo entre dos prendas diferentes o dos comidas que les agradan. ¡Ellos intentarán por todos los medios tanto ponerse las dos cosas como comer los dos platos que se le ofrecen! No es de extrañar entonces que seáis vosotros quienes os alarméis frente a esta pseudo incapacidad que demuestran los niños para elegir, porque parece no tratarse del mismo niño decidido que conocíais cuando tenía cinco años. En tal caso, lo aconsejable para que la comunicación siga siendo fluida, es darle mensajes concisos directos y positivos, evitando especialmente los sermones. Es decir, ¡no pertenecer al grupo de padres que hablan demasiado! En este sentido, si a vuestro hijo de seis o siete años le cuesta, por ejemplo, despertarse temprano por la mañana para ir al colegio aun sabiendo que lo debe hacer, jamás habría que decirle: «Siempre me haces lo mismo. Sabes que tengo que trabajar, por qué me haces esto... ¡Levántate de una vez!» Lo más conveniente sería que le dijerais: «Salimos en 10 minutos», e ir avisándole cada tres minutos el tiempo que queda... Sin dramatizar ni darle largas explicaciones. Esto, además de fomentar una disciplina coherente, los ayuda a sentirse responsables de sus acciones.

¡FUERA LAS LARGAS EXPLICACIONES!

Para los padres tal vez no sea tan sencillo dejar de tratar a vuestro hijo como cuando tenía cuatro o cinco años (época en la cual dabais quizá larguísimas explicaciones para todo), pero lo cierto es que ellos deben empezar a demostrar no sólo que son capaces de hacer cosas maravillosas sino que además pueden hacerse cargo de sus obligaciones. A menudo, incluso puede ser conveniente limitar una conducta negativa utilizando frases del tipo «Esto que haces me enoja», o bien «Necesito tiempo para pensar cómo voy a considerar tu conducta», dando así un espacio de tiempo para que él o ella puedan medir las consecuencias de sus actos por sí mismos y deponer su actitud.

Otra fórmula interesante consiste en pedirles ayuda para que colaboren en la resolución de un problema. Si tu hijo tiene por costumbre llamaros a gritos desde su habitación para que le llevéis algo, reprocharle que eres su madre pero no su sirvienta o, decirle que si quiere algo se lo vaya a buscar él, puede dar resultados a largo plazo, pero mientras tanto os resultará difícil sobrellevar este tipo de situaciones conflictivas. Así que tanto en este caso, como cuando se ponen a ver televisión en lugar de hacer los deberes, cuando usan el teléfono indiscriminadamente si no estáis, tenéis dos opciones: la primera, proponerle buscar juntos una solución, ya que tanto para vosotros como para él su actitud representa un problema. La otra, recordarle los beneficios que ha obtenido cuando se ha comportado responsablemente: tranquilidad, más juegos, buen humor... (Obviamente, hacer referencia a estos hechos puntuales os dará buenos resultados si el lenguaje corporal, el tono de voz y la actitud global con que se lo decís no es de reproche y sí un pedido de ayuda, ya que si vuestro hijo percibe que se lo está engañando, chantajeado o que os estáis burlando de él puede reaccionar encolerizándose o mostrándose apático como mecanismo de defensa.) A veces, el viejo método de contar hasta diez antes de responderle o mantenerlo informado sobre las consecuencias positivas y negativas de sus actos, también puede ayudar a que deponga su actitud, ya que le da tiempo a pensar con más seriedad en lo que ha hecho, más aún si se lo trata con respeto y en un tono de voz que no denote imposición (todos los niños a esta edad se oponen a ello). Por último, no habría que olvidar que mantener un buen nivel de humor resulta imprescindible ya que no todos los niños manifiestan la excitación frente a los cambios que experimentan de la misma manera. Muchos de ellos pueden volcar la rabia y la ira hacia sí mismos en lugar de hacerlo hacia el exterior, con lo que deberíais ayudarlo a encontrar vías creativas: dialogando, mediante actividades deportivas o estéticas, o bien relacionadas con experiencias grupales donde no se fomente la competitividad.

DISCIPLINA CUANDO CONQUISTAN UN POCO MÁS DE AUTONOMÍA

A los seis años, el ingreso en la escuela permite que los niños desarrollen aún más su autonomía. Se trata pues de un paso importante, ya que el grupo les ayuda a salir un poco de la exclusividad del hogar. Además de ser un desafío desde el punto de vista intelectual, también desde el punto de vista social aparecen nuevas formas de relación. De hecho, si bien a esta edad les agrada inventar cosas nuevas y llevarlas a la práctica, también suelen ser muy sensibles a la opinión de sus compañeros y odian hacer el ridículo, con lo cual se esforzarán al máximo para evitar cualquier imprevisto que los haga sentirse avergonzados.

Alrededor de los siete años y medio, cuando ya han adquirido una mayor conciencia de sí mismos, ya tal vez no les preocupe tanto lo que digan de ellos las personas de su edad sino su aspecto exterior y ser aún cada vez más conscientes de sus temores. No es de extrañar que entonces sean los padres los que se sientan desconcertados al ver que su hijo de repente ha «sentado cabeza» y ya no se comporta de un modo tan impulsivo. Sin embargo, esto tiene su razón ¡y es que el niño prefiere no actuar porque se siente inseguro frente a demasiadas cosas! Posiblemente ya ha descubierto que no es el Ratoncito Pérez quien se lleva los dientes de leche, que los Reyes Magos no son quienes él creía que eran, ni Santa Claus.[1] Por esta razón, si vuestro hijo está pasando por esta etapa, tendréis que darle argumentos convincentes y mostrarles «muchos» beneficios para que acceda a vuestras sugerencias o a vuestros consejos si se ha empecinado en que no está de acuerdo, fundamentalmente cuando se lo quiera convencer de algo que, a vuestro juicio, es bueno para él, ¡y no dudéis de que tendrá sobradas respuestas incluso para reprocharos vuestras equivocaciones!

1. Personalmente, considero que cuando los niños descubren la verdad de mentiras como estas o similares se sienten particularmente estafados. Quizá, para que los padres sigan siendo personas en las que se puede confiar deberían decirle que para recordar a los Reyes Magos y a Santa Claus los padres traen juguetes a los niños.

Si se le pide por ejemplo que colabore en casa, él puede llegar a decir «No tengo ganas porque ya he ido a la escuela y vosotros me habéis dicho que con que estudie es suficiente». En esos casos, lo mejor es mirarlo fijamente a los ojos y en silencio para que lo vuelva a decir. A la tercera o cuarta vez, sin duda hará lo que se le pide. Ellos odian pensar que se los puede estar juzgando o criticando aunque sólo sea con la mirada. Cuando todo haya pasado, enseñadle a valorar las respuestas favorables que consigue cuando sustituye una conducta negativa por otra más aceptable. Proponedle que reflexione sobre lo que ha sucedido y que dé tres ideas de comportamientos diferentes a fin de obtener un mejor resultado. Finalmente, haz que se ponga en el lugar de la persona con la que ha tenido el problema y recuérdale que también se pueden causar perjuicios a los demás con actitudes pasivas como la desidia o el desinterés.

Lo que se puede esperar

De los seis años a los siete y medio u ocho años, es normal que vuestro hijo se muestre, frente a la disciplina, contradictorio y cambiante (el equilibrio en este aspecto se alcanza a los nueve años). Tanto él como ella necesitan sentir que se les respeta y se les quiere por encima de sus reacciones, con lo cual las situaciones de tensión los ponen especialmente mal aunque sean ellos quienes las provoquen. Y es que exageradamente, en el final de esta cuarta fase de crecimiento, los niños no sólo se muestran muy exigentes en lo que se refiere a la atención y a la comprensión que demandan de sus padres sino que piden demostraciones de ello durante todo el día. Si se sienten solos y abandonados, porque tienen la sensación de que no se les escucha (a veces es verdad) y que no se les da el amor que necesitan, pueden incluso mostrarse excesivamente dramáticos, insistentes, inflexibles y obsesionados por descubrir las causas de vuestra supuesta conducta. A él o a ella no le importará mucho que tú y tu pareja estéis cansados o estéis ocupados en otra cosa, con lo que la respuesta más eficaz es que pongáis la responsabilidad de su lado y le digáis, por ejemplo: «Ya sabes la respuesta», o bien «El tema por ahora está cerrado»; o «¿Verdad que hemos hablado de esto?». En ocasiones, los niños también se rinden fácilmente cuando se les pide que se pongan en el lugar del otro, así que si aún sigue en su empeño pregúntale: «¿Qué te responderías tú si estuvieras en mi lugar?».

En cualquier caso, no se trata de que los niños no se den cuenta de lo que están haciendo o no sean lo suficientemente inteligentes como para comprender lo que se les dice, sino que pasan muy rápido por una serie de fases en las que ellos mismos se ven diferentes y no saben cuál es la respuesta más adecuada que pueden dar, y a menudo prefieren que todo el peso de los conflictos recaiga en los padres. Para ellos, saber que ya no son pequeños como cuando tenían cinco años, ni unos adolescentes que, según su visión de las cosas, pueden hacer lo que quieren, la verdad es que no es suficiente, y debido a esto se sienten conmocionados. Durante este período es imprescindible que los padres encuentren actividades que ayuden a sus hijos a descubrir qué lugar ocupan, por ejemplo fomentando hobbies y tareas acordes a su edad que les resulten interesantes a fin de poner a prueba sus habilidades, es decir, que tengan poca relación con las que hacían cuando tenían cuatro o cinco años. Buscad compartir con vuestro hijo actividades relacionadas con:

- **La inventiva:** construir una cometa, un camión o una casa pequeña con trozos de madera, algún tipo de instrumento para recoger agua de lluvia o para que ésta vaya a una determinada maceta. Montar juntos algún juguete teledirigido, realizar experiencias científicas...

- **El descubrimiento de mundos desconocidos:** proporcionadle libros de cuentos con un trasfondo histórico, llevadlo a conocer monumentos antiguos de los que previamente habéis investigado su historia. Haced expediciones a cuevas, lugares que parezcan inexplorados...
- **El coleccionismo:** objetos, sellos de correo, cajas de cerillas, postales... En especial si vuestro hijo tiene siete años y medio. Ésta es la edad en que comienza una etapa muy breve (un año aproximadamente) llamada la «etapa de la posesión», en la que son capaces de llevar a su casa cualquier objeto que encuentren en su camino. ¡Todo les parece genial!

Tened en cuenta que para vuestro hijo este tipo de actividades no sólo son fascinantes porque responden a sus intereses sino que, como requieren de una cierta complicidad, ayudan a mejorar notablemente la comunicación. Sin contar que para vosotros, además de ser una experiencia inolvidable, os permitirá descubrir hasta dónde han aprendido a cooperar, a ser pacientes y a resolver satisfactoriamente los conflictos que se puedan presentar.

MIEDOS IMAGINARIOS

Alrededor de los seis años y medio o siete, los temores de los niños (si bien mantienen algunas características de la etapa anterior) están referidos más a su persona, a que algo malo les suceda y al dolor físico. Pueden tener un mayor temor a ser mordidos por un perro, a nadar, al dentista, a quemarse cuando se bañan, a perder una parte del cuerpo... Por ello, muchos niños de esta edad no sólo se niegan a bañarse sino que acostumbran a mirar repetidas veces todas las noche debajo de la cama para ver si se ha escondido alguien allí que les pueda hacer daño, y no es raro que algunos decidan dormir en cualquier otra parte de la casa, con la excusa de sentirse más protegidos, por si algún desconocido entra en su habitación por la noche. Del mismo modo, tampoco entrarán solos en una habitación que desconocen, ya que la sombra de un abrigo proyectada en la pared puede asustarlos tanto como un leve movimiento de la puerta de un armario o el crujir de una madera. Por esa razón, seguramente observaréis perplejos que ahora vuestro hijo no querrá ir solo a un sótano o al altillo (cosa que antes hacía sin problemas), ¡sencillamente porque teme que algo le pueda suceder! Tampoco entrará en casas abandonadas y evitará ir a sitios desconocidos que les den inseguridad, como caminar por una calle que está oscura (aunque vaya con uno de vosotros) o subir a una montaña cuando se está haciendo de noche. La tensión interior que vuestro hijo o vuestra hija experimenta por los cambios de su cuerpo, junto con estos temores, puede provocarle una gran ansiedad que a menudo también se extiende a sus actividades, y por ejemplo: padece insomnio, permanece rígido mientras hace los deberes del colegio, se levanta casi de madrugada y no puede dormir por creer que van a llegar tarde a clase... Sin duda, dependerá de vosotros aliviar el clima de tensión si detectáis este tipo de conductas. Por ejemplo, no dejéis que los niños miren programas de televisión que agudicen sus miedos; no contéis historias de desaparecidos o de deformaciones en su presencia, al menos hasta que sea mayor y comprenda que eso no tiene por qué sucederle a él. Ayudadle también a organizar sus actividades para que disponga de más tiempo; dialogad sobre sus miedos y, por supuesto, encontrad soluciones conjuntas para que no se sienta tan mal.

Por lo general, como lo que más le atormenta es el miedo a que se muera su madre, sus hermanos y algunos de sus amigos, también se mostrará especialmente preocupado por indagar en las causas que provocan la muerte de una persona. Por ejemplo, para vuestra hija o para vuestro hijo no será lo mismo que alguien muera de vejez o que alguien muera porque es asesinado o atropellado por un coche. De hecho, algunos niños de esta edad sienten verdadero pánico a ser hospitalizados, lo manifiesten o no, porque para ellos es el lugar donde la gente va a morir. A veces, incluso, temen morir mientras duermen y ésa es la razón principal por la que padecen insomnio. Vuestro hijo, sin duda podrá hablar con sus amigos o con vosotros sobre muertos y tumbas, pero observad su expresión cuando pasa por delante de un cementerio, ¡realmente sentirá pánico! Por todo ello, es importante que le habléis a vuestro hijo de la muerte como un hecho natural, sin dramatizar ninguna situación ni aumentar su ansiedad. Alrededor de los ocho años, tened en cuenta que la mayoría de los niños ya la aceptan como un hecho natural, pero mientras eso no ocurra explicadle cuestiones como el ciclo de la vida o lo que consideres conveniente según vuestra propia convicción. Más aún, si vuestro hijo debe enfrentar la muerte de un ser querido, no le contéis historias del tipo «Tu abuelo está en aquella estrella», o «Desde donde está, te vigila para que te portes bien». No sólo porque se sentirán abandonados cuando hagan algo que no satisface a sus padres, sino porque creer que alguien los observa «desde el más allá» puede causarle temores de difícil solución y necesitar ayuda profesional.

LOS CELOS...

Los celos constituyen uno de los sentimientos más fáciles de reconocer en los niños, pero lamentablemente también suelen ser los más enjuiciados y rechazados por los adultos. La mayoría de los padres, en lugar de enseñarles a los niños a canalizar los celos, se esfuerzan (por propia educación) en hacerles ver que están actuando de un modo incorrecto y que, mientras otros sentimientos negativos son aceptados, los celos deben superarse mediante la voluntad, algo absolutamente imposible cuando los niños tienen seis años o más. Entre los seis y los siete años, e incluso ocho, es común que los niños sientan celos, porque por más que quieran que su madre, su padre, sus hermanos, sus abuelos y hasta sus mascotas estén pendientes de ellos, no siempre las personas reaccionan como ellos esperan. Así que los celos no sólo son algo normal (porque siempre está rondando la sombra de un hermano que los hace sentir temerosos, aislados o excluidos; o, en el caso de los hijos únicos porque siempre hay un niño que sabe más o tiene más (signo beneficioso, ya que indica que el niño está compenetrado con el intercambio y es auténtico y libre para expresarse). Lógicamente, los celos excesivos pueden ser un problema si aparecen crisis de angustia que los llevan a rebelarse o si se aferran continuamente a las conductas que le dieron seguridad en el pasado, cosa por cierto bastante común cuando llega un nuevo integrante a la familia. Entonces los niños vuelven a mojar la cama, a chuparse el dedo o a tener comportamientos similares a los que tenían a los cuatro años. Hasta que la mala época pase, lo único que podéis hacer es reducir al máximo las situaciones en las que vuestro hijo o vuestra hija pueda sentirse mal y, lógicamente, tratar a cada uno de los hermanos por lo que son, de modo individual y sin hacer comparaciones ni provocar enfrentamientos.

Por último, tened presente que cuando los celos son muy fuertes, es probable que el niño esté pendiente de los gestos de aprobación y satisfacción que sus padres le hacen a su hermano y a él no. Obviamente, un niño que capta esto, no dirá «Siento que me rechazas», pero sí «No me quieres»; o que tienda a encerrarse en su habitación hasta la hora de comer o hasta que uno de los padres lo trate con especial interés.

Claves para fomentar una disciplina positiva desde los cuatro a los siete años

- Aceptar que pueden tener conductas de regresión debido a que no asumen los cambios.
- Darles pautas breves y, en lugar de sermonearlos cuando se equivocan, ofrecerles alternativas para que mejoren.
- Aceptar que compartan sus afectos con personas de su pandilla.
- Reforzar conductas relacionadas con el bien de la familia y de la comunidad.

«YO FORMO PARTE DE ESTO»

DISCIPLINA DE LOS SIETE A LOS DOCE AÑOS

Desde los dos años vuestro hijo ha aprendido muchas pautas de disciplina en las diferentes etapas. Cuando se ha distanciado, cuando ha dudado, cuando ha necesitado sentirse seguro... Y esto ha ocurrido infinidad de veces. En esta quinta fase de crecimiento, que dura aproximadamente desde los siete años hasta los doce o trece, los niños hacen un cambio importante, lo cual requiere también ciertos ajustes en lo que a disciplina se refiere. Ahora el niño dirige su atención en mayor medida a personas que no son de su familia y está más celoso de su intimidad... Formar parte de una pandilla, encontrar al mejor amigo, y mantener con él una relación exclusiva e intensa de la que casi nunca tiene garantías de continuar, excepto que cada uno ponga mucho de su parte, es su cometido principal en esta etapa.

Algunos padres no comprenden la importancia de la amistad en esta etapa y creen que de repente el niño no se interesa por la familia. Lógicamente no es esto lo que ocurre. En esta etapa, tanto los niños como las niñas experimentan fuertes sentimientos hacia «el amigo» o «la amiga» y la razón principal es que no se trata de una relación «porque sí» como cuando tenían cinco o seis años, sino que está descubriendo que lo que siente será más fuerte si se esmera por dar lo mejor de sí, demostrando incluso hasta dónde puede ser capaz de sacrificarse en beneficio de otro. ¿La consecuencia? Simplemente que puede haber más roces con los padres si se siente incomprendido en este aspecto.

En este sentido, apoyar sus relaciones es fundamental, principalmente porque estas relaciones le ayudarán a descubrir muchos aspectos de su personalidad. Similar a lo que hacía durante la tercera fase de crecimiento, de los tres años a los cuatro y medio, cuando se identificaba con personas, animales u objetos para descubrir su identidad, del mismo modo «el amigo» o «la amiga» es, tanto para él como para ella, un reflejo de sí mismo.

Es importante destacar, por otra parte, que desde los ocho a los diez años, mientras la mayoría de los niños descubre que puede mantener lazos estrechos con sus amigos, la relación con los padres suele experimentar fuertes cambios: con la madre, porque si bien los niños sienten una necesidad absoluta de estar cerca de ella, tienden a evitar cualquier tipo de acercamiento: con el padre, porque desean confiar en él pero teme que se entrometa en su vida.

Por esta razón, las madres suelen sentir que nuevamente en esta etapa tienen a un niño dependiente en exceso, similar a cuando eran bebés, que en ocasiones puede llegar incluso a no comer si se siente abandonado, pero que ante un beso en público suele ruborizarse como si se tratara del peor pecado.

Esta característica, sin duda llamativa, a veces parece no concordar con la necesidad de estar solos, encerrarse en su habitación para leer o escuchar música. De algún modo, la sensibilidad extrema que los caracterizaba a los seis años ha quedado atrás, y los padres deberían saber que cuando el niño se aísla no lo hace por retraimiento (tal como lo hubiera hecho apenas unos meses atrás), sino por el simple placer de alejarse y disfrutar de estar exclusivamente consigo mismo. Pero hay más. Es posible que en ocasiones opte por la tranquilidad más que por sentir la necesidad de estar solo, ya que a lo largo del día gasta mucha energía debido a la impaciencia que le invade cuando tiene que enfrentar cosas nuevas. ¡Y es que a partir de los siete años los niños quieren saberlo todo, pero «ahora y ya»! Paulatinamente, el niño de seis años que se tomaba mucho tiempo para todo parece haberse convertido en un huracán.

¿Por qué dramatizan tanto en la relación con la madre en esta etapa?

La dependencia de la madre se acentúa porque experimentan sentimientos y emociones contradictorias, pero necesitan recibir apoyo, estímulos y elogios para llevar a cabo sus muchos proyectos. Pero ¿qué ocurre cuando algo no les sale como lo habían planeado? Sin duda será la madre a la primera que harán culpable... y lo cierto es que entonces serán capaces de dramatizar una mínima situación durante horas. Es como si dijeran «Te necesito tanto que lucho permanentemente para que no se me note».

Aunque parezca sorprendente, en esta etapa serán reacciones habituales: que no obedezcan a sus padres, a sus profesores o a otros adultos, incluso cuando saben que tendrán por ello un castigo; pueden tener rabietas frecuentes; comportarse de un modo agresivo y mostrar conductas destructivas (esto puede involucrar daño a la propiedad privada, pero también puede implicar amenazas o comportamientos peligrosos, como robar); replicar siempre, contestar mal, discutir, hacer que pequeñas situaciones parezcan más grandes de lo que son, y siempre desear decir la última palabra.

Otras reacciones características de esta etapa son: rehusar a cumplir con sus obligaciones diarias, como las tareas escolares y el aseo personal; desobedecer normas relacionadas con los horarios... Es probable que la mayoría de los adolescentes tengan sus cuartos desordenados y les cueste ayudar a hacer las tareas de la casa. Algunos niños en esta etapa además parecen estar siempre en un estado de confusión y, cuando se les llama para que salgan de ese estado se muestran ofendidos. Los padres deberían aplicar sin duda en estos casos la técnica de eludir, o bien dar alternativas silenciosas igual que lo hacían durante la segunda fase del desarrollo;[1] de lo contrario estos padres correrán el riesgo de sentirse terriblemente agotados, ya que además de necesitar fervientemente atención en esta etapa, a los niños les apasiona discutir, y no precisamente para llegar a una reflexión o a un acuerdo, sino por el simple placer de averiguar hasta dónde llega una situación. Y es que, aunque tengan más tiempo o más atención de la que normalmente se les da, todo les parece poco.

EL PAPEL DE LOS PADRES FRENTE A LA ANGUSTIA DE LOS NUEVE AÑOS

Alrededor de los nueve años, los niños vuelven a vivir una etapa de angustia que no pueden controlar (como cuando tenían ocho meses). Es cuando se dan cuenta de que existen infinitas posibilidades en el mundo exterior, y si quieren conseguir algo que escapa a la órbita familiar, ahora todo depende de su esfuerzo más que de aquello que le puedan proporcionar sus padres. Es evidente que esto les hace estar más tensos e inseguros y que por tanto el enfrentamiento con la familia puede agudizarse.

1. De los dieciocho meses a los tres años.

Por un lado, las conquistas intelectuales realmente les permiten alcanzar sus objetivos sin mayores problemas (están capacitados para hacer interpretaciones, anticiparse a lo que va a suceder, ser más objetivos...), pero justamente esta visión más realista del mundo sin duda les excita, les ilusiona, por la diversidad de cosas que pueden hacer, pero también les abruma. Además, en esta etapa comienzan a hacer su aparición los primeros problemas morales, los remordimientos, las cuestiones inconfesables, como malos comportamientos en la escuela o de índole sexual; la sensación de sentirse culpables por todo también es muy evidente, lo cual los hace estar más retraídos. Por esta razón, los padres con niños de nueve años deberían tener en cuenta que si la comunicación ha sido positiva todo irá bien, pero si no ha sido así, si el niño ha afrontado mal sus cambios y se ha sentido culpabilizado, inferior, o si ha vivido creyendo que el mundo es un sitio peligroso, su angustia se verá agravada a tal extremo que imaginará que no es capaz de defenderse de todo lo que existe en el mundo y de lo cual parece que acaba de tomar conciencia ahora.

Una clave para ayudar al niño en este sentido es comenzar a mostrarle el sentido relativo de las cosas, ya que éste suele ser el mejor antídoto para su angustia. Por ejemplo, si tu hijo teme a todo lo que ocurre fuera de su ambiente familiar, hay que hacerle ver que los accidentes naturales sólo afectan a una porción mínima de la humanidad. Incluso se le puede proporcionar información sobre las zonas de más riesgo, pero demostrándole al mismo tiempo que esas circunstancias sólo son un aspecto dentro de todo lo que hace una persona a lo largo de la vida. Alrededor de los diez años, cuando lentamente avance hacia la adolescencia, nuevamente habrá que hacer algunos ajustes para que la euforia no les hagan saltar barreras y actúen desde el extremo opuesto, es decir, tratando a sus padres como si los peligros fueran pura invención de éstos, cosa que además harán con aires de superioridad.

Lo que los padres pueden hacer
En primer lugar, tranquilizar a los hijos. Después, alabarlos cuando se enfrentan a algo que les ha dado miedo; tratar de estimularlos con nuestro ejemplo para que se sientan seguros frente al mundo... Deben ser hábitos claros para que estén seguros de que se trata de situaciones previsibles.

¿QUÉ PONE ANSIOSO A UN NIÑO EN ESTA ETAPA?

Entre los siete años y medio y los nueve, otra de las cuestiones que llevan a los niños a tener problemas de conducta proviene de las distintas situaciones sociales que experimentan en el mundo exterior (con los amigos o en la escuela, por ejemplo) y que sólo son valoradas por ellos en término de triunfo, neutralidad o derrota. Un niño de estas edades desea sentirse aceptado y valorado por sus amigos, por lo que no es raro que viva las peleas como una derrota personal,[1] de ahí que haya que enseñarle no sólo a negociar, compartir y cooperar sino a vivir estas experiencias como aprendizajes positivos. En esta etapa necesita sentir que tiene aptitudes; pero tener patrones claros sobre cómo desenvolverse ante las personas de su misma edad y muy diferentes entre sí, será lo que le ayudará a saber hasta dónde llegan sus posibilidades sociales. He aquí una de las mayores ventajas de la disciplina.

1. Algunos padres, e incluso maestros, creen que el chico o la chica deben incluso resolver solos sus problemas con los de su edad, pero a veces, cuando las peleas o una relación negativa llega a mayores, la intervención del adulto puede ser necesaria. Tal es el caso cuando un niño acosa a otro en la escuela o en el barrio haciéndole la vida imposible.

Cuando el niño se da cuenta de que sólo es una parte dentro del conjunto social, la familia vuelve a ser un punto de referencia importante. Los diferentes roles que asume en el mundo exterior le posibilitan no sólo ver que las reglas son variadas dependiendo de la posición que se ocupe sino que este aprendizaje también lo realiza en su hogar. Aprenderá a ponerse en el lugar del otro cuando hay un conflicto, a buscar soluciones en lugar de generar situaciones de tensión, a ser medianamente consecuente y a no juzgar a priori… (No estoy diciendo que haga todo esto en casa, sólo que lo sepa…). Y todo ello porque ha ampliado sus relaciones y se ha afianzado en un grupo.

La aparición de los primeros sentimientos importantes de amistad, capaz de mostrar unas emociones y controlar otras, generalmente con personas de su mismo sexo, son experiencias fundamentales donde el grupo se impone como un valor indispensable, más importante que padres y profesores. La conciencia de solidaridad, comunión y apoyo mutuo relacionado con el honor y la fidelidad determinará no sólo la solidez de la pandilla, sino también la posición que el niño ocupe en ella.

Tened en cuenta que, a vuestro hijo tanto como a vuestra hija, esta función cooperativa es lo que le permitirá no sólo probarse y autoevaluarse, sino emitir opiniones y confrontar ideas incluso a riesgo de ser apartada o tener que hacerlo por propia voluntad. Con lo que no es raro que un día llegue a casa diciendo que se ha enojado con sus amigos y que está solo y que, al día siguiente, pida permiso para salir con ellos. El padre o la madre cometerán un error si le recuerdan lo enfadada que estaba el día anterior y pronuncian comentarios dogmáticos del tipo «No tienes palabra», «Así nunca tendrás amigos», «A ver si les enseñas de una vez quién manda...», opiniones típicas de adultos sin sentido común. Los padres deberían tener presente que el grupo le permite poner a prueba sus recursos, por lo que es importante estimular el contacto con la pandilla y hablarle bien de sus amigos para reafirmar su autoconfianza.

¿Qué tiene de genial la pandilla?
La pandilla es el único espacio donde los adultos no tienen ni voz ni voto, donde sus consejos y opiniones no son tenidas en cuenta, por lo que no dudéis de que sólo por eso ya es beneficiosa. Y lo maravilloso es que en la confrontación y el diálogo con el otro, con alguien de su edad pero que es diferente, es donde el niño y el preadolescente pueden descubrir el respeto ante la diversidad de opiniones, otros puntos de vista y valores; pero también donde aprende a cooperar y a ayudar desde una esfera diferente a la de su hogar. ¡Y es justamente esto lo que le posibilitará más adelante hacer síntesis sobre cómo es él como persona!

LOS DIEZ AÑOS O UNA VIDA ENTRE DOS MUNDOS

Alrededor de los diez años, los niños comienzan a vivir nuevamente entre dos mundos: el anhelo de la infancia y el de la proximidad a la adolescencia. Este nuevo tránsito de una etapa a otra, en ocasiones suele repercutir notablemente en su mundo de relaciones, ya que experimentan nuevas emociones y nuevos cambios físicos y no saben encontrar un término medio. Por esa razón, reaccionan como si fueran más pequeños o mucho más adultos.

Alrededor de los once años en las niñas y de los doce a los trece y medio en el varón, se produce además una importante aceleración del crecimiento. Aparece cierta desarmonía corporal (primero crecen la piernas y los brazos, luego el tronco...) que generalmente está acompañada de cierta torpeza lógica en los movimientos, y no es de extrañar verlos agotados, confusos después de un esfuerzo mental y que tengan más ganas de dormir y de descansar que de costumbre. Por otra parte, es ésta la edad en que se produce una importante maduración de los órganos reproductores y, desde el punto de vista intelectual, el pensamiento concreto da paso a una mayor capacidad para el pensamiento abstracto.

Todos estos cambios en ocasiones les impiden conducirse con equilibrio y espontáneamente, ya que pierden fácilmente la noción de quiénes son. No quieren ser niños, pero tampoco son adultos, con lo que a menudo pueden llegar a comportarse de un modo ambivalente. Por ejemplo, una niña puede preguntar con actitud solemne a su madre si debe usar compresas o tampones cuando tenga la regla, e instantes después ponerse a jugar con sus muñecas como cuando era más pequeña. O darle una mala contestación a los padres y, a los dos minutos, llorar como una niña desprotegida.

Buscan resolver esta ambivalencia mediante identificaciones que muchas veces acaban confundiéndolos (héroes de la televisión, jóvenes mayores a los que conocen circunstancialmente, personajes de novelas...); o bien oponiéndose a todo cuanto dicen sus padres. El objetivo no es otro que encontrar puntos de referencia para integrar los nuevos rasgos de personalidad, reorganizar lo que les sucede internamente. Es decir, sufren vaivenes emocionales similares a los de la fase de oposición que caracterizaba los dos años. Y todo ello con una falsa imagen de madurez, por lo que es normal que los padres se encuentren frente a ellos muchas veces desorientados.

Los padres necesitarán pensar que la manera de responder de los niños en esta etapa frente a los cambios es un ensayo de cómo desean ser en un futuro.

Algo que con angustia y expectación experimentaron los padres de Óscar, un niño tranquilo y obediente, que alrededor de los once años comenzó a comportarse en casa como un «sabelotodo», al punto que ya era difícil mantener cualquier tipo de conversación con él sin que tratara a sus padres como verdaderos ignorantes. Cuando llegaba al límite, y sus padres lo enviaban castigado a su habitación, entonces él se sentía herido y desatendido y era capaz de hacer cualquier cosa para llamar la atención: desde tirar el balón cerca de la televisión, hacer caer a su hermana pequeña, hasta armar un escándalo porque quería cenar por segunda vez. No cabe duda de que los padres de Óscar desconocían que entre los diez y los doce años la mayor parte de los niños de todo el mundo se comportan de manera similar. Mediante este modo particular de decir que existen («¿Ves todo lo que sé?» «¿Te agrada lo que he aprendido?»), buscan impresionar a los adultos poniendo a prueba su capacidad de dominio y de fortaleza. También pueden hacer cosas que impliquen un gran riesgo, estudiar menos en la escuela, probar el primer cigarrillo, hablar con amigos por teléfono durante horas mientras están solos, escaparse de una asignatura en el colegio, traer a personas que acaban de conocer a casa cuando los padres se han ido, o montar una fiesta... En fin, todo lo que implica demostrar ante el mundo que son fuertes, valientes y decididos y, por supuesto «adultos». Y en algunos casos peinarse o caminar o gesticular como el héroe de moda a fin de parecer mayores.

Obsesionados por imitar lo que ven en la televisión

Los padres de Verónica llevaban separados dos años cuando, a sus nueve años la niña vio en un programa de televisión que unos niños cuyos padres se había separado, se escaparon de casa y se escondieron en el cementerio del pueblo para que los padres volvieran a estar juntos. Verónica no tuvo mejor idea que imitar lo que había visto en la televisión. Estuvo casi cuarenta y ocho horas fuera de casa hasta que finalmente fue encontrada por la policía. Cuando su madre le preguntó por qué lo había hecho, ella dijo que lo había visto en la televisión.

Lamentablemente muchos niños llevan años educándose con la televisión. Según diversos estudios, los niños occidentales miran un promedio de tres a cuatro horas de televisión diarias a partir de los siete años, con lo cual pasan más tiempo frente al televisor que realizando otras actividades, aparte de la escuela. Según estas mismas investigaciones, muchos niños además son puestos frente al televisor por primera vez cuando tienen seis meses (e incluso antes), aunque su calidad de «espectador pasivo» como tal comienza alrededor de los dos años y medio. Esto sin duda no sería preocupante si no fuera porque además de ser un «espectador pasivo» es un «receptor pasivo», es decir que no puede interactuar ni cambiar nada de lo que ve, no puede responder, ni contradecir, ni afirmar... sólo oír y aceptar, asimilando así rápidamente lo que se le enseña como verdadero. Sin contar, obviamente que, al no disponer de la suficiente madurez o capacidad de discernimiento para diferenciar la fantasía de la realidad, lo que ve y lo que oye se convierte en algo seguro y real. Por otra parte, cuando el niño está frente al televisor más de una o dos hora al día, no juega, no lee, estudia menos y dispone de menos tiempo para compartir actividades con amigos y en familia, por lo que no es raro que también haga menos ejercicio y, en ocasiones, incluso tenga problemas de sobrepeso o de mala alimentación debido a que «come sólo aquello que se le dice en los anuncios». No se está intentando aquí prohibir que los niños miren uno o dos de sus programas predilectos al día, pero en esta etapa la comunicación del niño con los padres es muy importante. La televisión debe convertirse sólo en un medio de enriquecer el diálogo y acentuar la comunicación positiva; o de lo contrario, os resultará difícil lograr que vuestro hijo aprenda a resolver conflictos teniendo en cuenta más de un punto de vista. Para que no actúen como receptores pasivos conviene…

• Mirar alguna vez los programas que ve vuestro hijo y decidid si es apropiado para su edad.

• Intentar que tu hijo no mire televisión más de una hora sin hablar con nadie y manteniéndose abstraído en su mundo.

• Promover intercambios de opiniones sobre aquello que estáis mirando sin que se sienta invadido.

• Acentuar aquellos rasgos en que los personajes saben cooperar, actúan con respeto hacia el prójimo y hay interés por el punto de vista del otro. Obviamente no hace falta que habléis todo el tiempo. Sólo basta con un comentario sutil para que recuerde cuáles son los verdaderos valores en el mundo real.

• A partir de los ocho años, es aconsejable que, después de ver una película, por ejemplo, tú y él podáis compartir pensamientos, sentimientos y emociones. Es importante que le hagáis ver que determinados temas son similares a sucesos históricos, argumentos de novelas, leyendas de diferentes lugares o sucesos que han ocurrido recientemente, tanto en vuestro país como en cualquier otro.

• Hablar de sus valores personales haciendo hincapié en que éstos están por encima de lo que ve. Si tiene menos de siete años, pídele a tu hijo que compare lo que está viendo con eventos reales.

• Impedir que vea violencia. La violencia no es una forma de resolver conflictos, es una forma de agravarlos.

• A partir de los diez años, explicarle el papel de la publicidad y su influencia en los gustos personales. Decidle por ejemplo que en los anuncios se busca que los espectadores sientan que eso que ven es lo que les falta para ser felices y que al mostrárselo cada día muchas veces a una persona ésta acaba creyendo que sólo si consume lo que ve se solucionará su vida. Enséñale que detrás de los productos que se venden siempre hay un decorado, una ambientación, que determina el tipo de público al que se quiere captar. Una vez al mes, jugad con él a reconocer a quiénes apunta la publicidad sólo mirando la escenografía que hay detrás. Por ejemplo, ayudadle a que reconozca la diferencia que hay cuando lo que se vende es un detergente para una lavadora, un coche último modelo o un juguete para niños. En suma, ser espectadores activos para que vuestra hija o vuestro hijo no sea un consumidor pasivo. Por último, tened en cuenta que como receptor pasivo y moldeable puede sobreestimularse fácilmente con temas como la guerra y las persecuciones, ya que al tratarse de argumentos simples de poca profundidad y muchos «efectos especiales» éstos pueden ser consumidos rápidamente sin dar tiempo a ningún tipo de cuestionamientos.

EN LUGAR DE CASTIGARLE, MUÉSTRALE UN MUNDO MÁS AMPLIO

No hace mucho una niña de once años me contó que sus padres la castigaron sin ver a sus amigas y sin televisión durante dos semanas. Dentro de todo no estaba mal como castigo, no se trataba de un castigo físico ni de un castigo en el que su autoestima fuera dañada. Incluso habría dado buenos resultados si no fuera porque la niña no sabía qué había hecho mal. Cuando entrevisté a los padres éstos me dijeron que no estaban dispuestos a seguir soportando su insolencia y su falta de educación para con ellos. También añadieron a la lista el maltrato que la niña infligía a su hermano menor. «Entonces... –les dije– es como si la castigarais por todo lo que lleva haciendo mal desde hace un tiempo.» «Sí, más o menos eso», dijeron los padres.

Sin duda, lo ideal hubiera sido enseñar paso a paso a esta niña a corregir sus errores y no aplicar el sistema global, como hacen muchos padres que «ya no pueden más»: dar un escarmiento a los hijos por más de un motivo. Este castigo generalmente no da ningún resultado y mucho menos si a eso se suma privar a los hijos del contacto con otras personas. Los errores de los niños suelen revertirse mucho más de prisa si se les enseña a hacer cosas por el bien común. Por ejemplo se puede inscribir a un niño que es agresivo en proyectos en los que deba participar activamente en la resolución de problemas sociales, los que atañen a su barrio o su ciudad, los que tienen que ver con el aspecto humanitario y con el cuidado del planeta. Algunos ayuntamientos planifican actividades para el cuidado de la ciudad orientado a jóvenes.. Por ejemplo, para enseñar a la gente a tirar la basura en distintos contenedores según el tipo de reciclado al que se someten los desechos. Cursos para reciclar papel… Incluso que acompañe al supermercado para seleccionar productos que no dañen la capa de ozono.

Y es que los padres deberían tener en cuenta que la pubertad es una época en la que los niños a veces se portan mal porque sí. Ellos se sienten inseguros porque empiezan a definir su posición en la familia, en la pandilla y en la comunidad, mientras sostienen verdaderas luchas internas porque de lo que se trata es de saber qué sienten.

Se les exige que se comporten de un modo más independiente, la familia ya no se muestra tan incondicional como antes y sus integrantes no están dispuestos a satisfacer todas sus necesidades como cuando era pequeño, y fuera de casa la sociedad les insinúa que hay un lugar que les espera y que ellos siguen sin saber cuál es.

Para algunos niños, a estos desafíos naturales suelen añadirse otros muchos cuando no reciben la orientación necesaria. Son los casos en que los niños se atreven a corren riesgos increíbles yéndose de casa o participando en actos que están fuera de la ley. Algunos de ellos, quizá los menos, pueden optar por el aislamiento social, escoger amigos que no les agraden a sus padres o hacer aquellas cosas que éstos desaprueban, sólo para averiguar hasta dónde llega su poder. Lógicamente, en tales circunstancias los padres suelen alterarse y perder los nervios, pero si en lugar de dramatizar lo comprenden como una etapa transitoria, mientras ayudan a su hijo a desarrollar su autoestima, es posible que los problemas con él no lleguen a mayores; y mucho menos si lo escucháis y no lo mareáis con consejos y advertencias. Pensad que vuestro hijo ha pasado más años siendo oyente que emisor, así que dadle la oportunidad de compartir sentimientos e ideas por más que os parezcan descabelladas. Lo que menos le interesa es que le queráis hacer creer que la vida es siempre fácil y justa. Este tipo de mitos (común a muchos padres) hace que a esta edad se frustren, ya que la visión idílica que tenían en las fases anteriores ha dado paso a una visión más realista y, por lo tanto, se sentirán incomprendidos. Cuando habléis con vuestro hijo, hacedlo con amor, compasión, sensibilidad y comprensión, ¡eso es lo único que le demostrará que realmente puede ser feliz!

Por último, recordad que para que no sienta que la independencia es una carga, insistidle en que no tiene que llegar a ser independiente cueste lo que cueste, sino como consecuencia de ser responsable y de aceptarse tal cual es, sin compararse con nada ni con nadie. Así que a partir de ahora:

- **Responsabilizad a vuestro hijo de su propio bienestar.** Enseñadle a resolver conflictos y a comprender sus necesidades. Buscad oportunidades en las que vuestro hijo pueda ensayar sus habilidades, por ejemplo, dialogando sobre el impacto emocional que pudo haber experimentado respecto de las decisiones que ha tomado en la última semana.
- **Animadlo a ser honesto.** Si algo de él os ha disgustado, haced que lo sepa. Ser un buen padre o una buena madre no significa ocultar vuestros sentimientos y luego estallar por cualquier nimiedad. Incluso, acostumbraros a pedir disculpas cuando creáis haber actuado incorrectamente. Vuestro ejemplo es lo único que lo ayudará a comprender que él también puede tener malos momentos y que por eso no se es una persona más débil cuando se intentan reparar los errores.
- **Recordad que se trata de buscar soluciones** en lugar de sentirse defraudado, caso que nuestro hijo tenga problemas graves con nosotros. Más aún cuando su comportamiento no siempre refleja la calidad de vuestra actuación como padre o como madre.

- **No dejéis de ofrecer comentarios positivos** y oportunidades para reforzar sus habilidades y desarrollar su sentido de pertenencia, aunque no se comporte según vuestras expectativas.
- **Tomaros tiempo para observar** aquellas señales que os indiquen que vuestro hijo podría necesitar ayuda para superar las dificultades de la pubertad. A un niño introvertido, por ejemplo, le puede gustar estar más tiempo solo. En cambio, uno extrovertido puede tener problemas para estudiar. También es probable que padezcan cambios drásticos de humor o de comportamiento, como por ejemplo dejar de ver a sus amigos de la infancia sin que haya ocurrido ningún problema aparente.

En caso de que detectéis que algo de esto ocurre, hablad con él, tanto tú como tu pareja. Podéis decirle lo que notáis y que realmente os preocupa su bienestar. No esperéis que él os cuente rápidamente qué le sucede. Lo lógico por su parte será una reacción defensiva. Por ejemplo, esconderse tras una coraza de indiferencia, apatía o desinterés. En todo caso, no cometáis el error de querer aconsejarlo. Escuchad lo que tenga para decir (sea creíble o no) y reflejad sus palabras. Tampoco intentéis llegar en una primera conversación a ninguna conclusión. Una actitud positiva por vuestra parte es lo único que lo ayudará a abrir vías certeras de comunicación.

1. En general, los profesionales de salud, como el médico de cabecera de la familia, o el profesional al que admira pueden ser buenos aliados. También en todas las comunidades hay servicios gratuitos para las familias a través del área de servicios sociales. En los ayuntamientos, también hay un área destinada a la juventud a la que podéis recurrir, y grupos de apoyo para padres donde se abordan temas de conducta específicos. A veces, la mejor manera de ayudar a los niños con problemas es comenzar por fortalecer emocionalmente a los padres. Personalmente he dado cursos de Escuela para padres, y aunque el título del curso sea en sí mismo engañoso, lo cierto es que los niños no deben convertirse en el problema alrededor del cual gira la conducta y las decisiones de los padres. Por eso es importante que, aun en un momento de crisis, podáis compartir lo que os pasa con terceras personas.

Algo para recordar
Si veis que vuestro hijo tiene realmente problemas y que no podéis llegar a él, no dudéis en recurrir a otra persona para que lo haga. En ocasiones, un pariente o un amigo de confianza pueden ser idóneos. También se puede buscar apoyo u orientación recurriendo a la figura de un mediador o a recursos comunitarios.[1]

AYUDARLOS A LIBERAR TENSIONES

En general es positivo permitir que los niños cometan errores a cualquier edad. Cometer errores es el único ejercicio seguro para aprender a tolerar la frustración, y descubrir hasta dónde son importantes sus decisiones. Por esa razón, cuando un niño se siente abatido tras haber cometido un error del que es consciente, hay que ayudarlo a expresar sus sentimientos; por ejemplo, sugiriéndole el padre o la madre que escriba los pensamientos que le hacen sufrir. Se trata no sólo de un modo de ayudarlo a liberar tensiones sino de averiguar cómo está aprendiendo a definirse.

Otra forma de ayudarlo a liberar tensiones es hablar con él acerca de las cosas que le gustaría cambiar. La mayoría de los niños no suele decir qué cosas les desagradan de su familia si no se les pregunta directamente, pero se le puede sugerir que las escriba en un papel. Una vez conocí a un niño que escribió «Mamá empezó otra vez a trabajar y odio quedarme con la abuela». Obviamente lo que vuestro hijo os cuente durante el juego nunca será para darle después un sermón o juzgarlo por ello. Recordad que se trata de una forma de saber qué piensa, al mismo tiempo que intentaréis, dentro de vuestras posibilidades, cambiar una situación desfavorable por otra mejor.

Una historia reciente

Juan siempre llegaba tarde de la escuela mientras ellos estaban trabajando. Imponerle todo tipo de castigos, como privarle de ver televisión hasta dejar de comprarle cosas que le gustaban especialmente, no sirvió de mucho: él seguía actuando de la misma manera. Aunque es cierto que su transgresión y sus retrasos nunca superaban las dos horas, se había acostumbrado a justificarse siempre con alguna excusa. Sus padres, después de largas averiguaciones y tener que salir antes del trabajo para ir tras sus pasos, descubrieron que se iba con algunos niños de su pandilla a fumar a un bar cercano al colegio, cosa que agravó aún más la ya desfavorable situación.

En la pubertad es común que los niños mientan para hacer «cosas prohibidas», o para no tener que asumir sus responsabilidades. Frases como: «No he tenido tiempo de sacar a pasear al perro porque he tenido que hacer muchos deberes», cuando hay evidencias concretas de que ha estado mirando televisión toda la tarde, hace que los padres reaccionen negativamente. Más aún, el principal problema es que de tanto repetir este tipo de mentiras muchos niños acaban creyéndoselas.

En general, los niños suelen mentir e interpretar el papel de víctima cuando temen ser castigados; han comprendido que pueden controlar a sus padres de este modo; temen pasarlo peor porque el clima en casa es tenso o los padres son personas depresivas; o bien cuando copian a unos padres que también evitan responsabilidades usando el viejo truco de vivir lamentándose de sus desgracias.

Lógicamente en vuestras manos estará enseñarle a vuestro hijo que, si bien lo comprendéis en muchos aspectos, no estáis dispuestos a permitirle que se salte las reglas. Demostradle que, por fortuna, existen otras formas de decir y hacer las cosas, y que ser independiente no es hacer lo que se quiere. Le podéis hacer ver, por ejemplo, lo complicado que puede ser mantener una situación de engaño sin sentir ansiedad, temor, miedo e incertidumbre y cómo todo ello puede evitarse. También podéis hacerle ver que mintiendo y buscando excusas además del daño que se le hace a otros, más se perjudica a sí mismo, ya que se autolimita para:

- encontrar ayudas fiables frente a un problema que no es posible afrontar solo.
- disfrutar de momentos agradables tanto con los amigos como con los padres.
- liberarse de tensiones, debido a que siempre necesitará encontrar la mentira justa para conformar a los demás.
- ser valiente para enfrentar consecuencias.
- prepararse para nuevos cambios y crecer como persona.

ALGUNOS NIÑOS EN ESTA ETAPA SE SIENTEN SOLOS

A veces puede ser que los niños a estas edades se sientan solos porque se han apartado del grupo, porque se ha ido de vacaciones su mejor amigo, han cambiado de colegio, o porque la familia se ha mudado de casa. Se trata de situaciones difíciles de asimilar que unidas a los cambios físicos, psicológicos y emocionales que experimentan, los hacen sentir diferentes e incomprendidos. Por esa razón, cuando un niño se aísla no significa que se comporte así porque está demasiado consentido, demasiado malcriado o porque no desea asumir responsabilidades. Algo puede haber de todo esto, pero no es la clave del problema. La clave está en que ni ellos saben qué les ocurre.

Digamos que mientras que en los dos primeros años de vida aprendió a confiar en papá y mamá; a los tres años –aproximadamente– se adaptó a su nueva imagen de persona autónoma y aprendió a hacer uso de su voluntad; alrededor de los cuatro años, se dio cuenta de que tenía una identidad diferente de la del resto de las personas y utilizó esa conquista para llevar a cabo sus propios proyectos; y de ahí hasta los siete descubrió que podía ser una persona industriosa; ahora, su lucha consistirá en descubrir su verdadera identidad capitalizando todo lo aprendido... y, esta vez, puede ser que no le resulte tan fácil.

Evidentemente, la necesidad de soledad de los niños en esta etapa, aunque es mal vista por los padres, suele estar más relacionada con la fragilidad y la inestabilidad. Se trata en la mayoría de los casos de separarse un poco del mundo para reencontrar el propio equilibrio interior.

La única medicina que los padres pueden aplicar en estos casos es respetarle esos momentos y demostrarle que es una persona sociable, aceptada y querida. A veces tampoco está de más explicarle que su organismo tanto como su mente y sus emociones están madurando, y que, a menudo, es necesario apartarse de los estímulos del mundo exterior para descubrir qué quiere y qué desea; que es absolutamente normal que se sienta inseguro por momentos, que no tenga ganas de hablar con nadie y que se refugie en ensoñaciones personales..., y que incluso instantes después se muestre en un estado completamente opuesto y quiera ver a sus amigos, hablar con gente o hacer una fiesta.

Y es que cuando los padres lo aceptan, el niño comprende que ese «no saber qué quiere» no es algo que sólo le pase a él. A veces les ayuda que les contéis algún episodio similar de vuestra vida si lo creéis conveniente. El objetivo no es otro que ayudarlos a que no se desvaloricen cuando se enfrenten a este tipo de situaciones emocionales si descubren que no las pueden controlar.

Respetar sus estados emocionales y su derecho a la intimidad

Si en un momento determinado los padres descubren que su hijo o su hija ha dejado de ser «el encanto» que contaba todo lo que hacía y con lujo de detalles, lo mejor es no alarmarse. Y menos aún si cuando se le habla se cierra en banda o demuestra que no tolera la menor intromisión en su vida privada. Y es que los cambios que experimentan las chicas entre los 11 y los 12 años muchas veces traen como consecuencia que los cambios físicos sean más rápidos que los psicológicos y que para ponerse a la par se muestren como si fueran mayores o se comporten como unas «creídas». Con los chicos pasa algo similar. Empiezan a dejar el niño atrás y, en ocasiones, quieren aparentar que son más grandes y más maduros, pero también en este caso se trata de un ensayo. Se sienten mayores y desean que los tratemos como tales, y no quieren saber nada de los padres de la infancia, sobreprotectores y cariñosos. Por todo ello lo ideal es:

- No molestarlos para ver qué están haciendo cuando lleven amigos a casa.
- Si comparten habitación, es fundamental que tengan su espacio propio.
- No toquetear sus cosas para ver en qué anda.
- Hablar, hablar y hablar sobre las normas de la casa…
- Mostrar una actitud de comprensión pero exigir respeto mutuo.

«AQUÍ SÓLO MANDAN LOS ADULTOS»

EPÍLOGO

¿Cuántas veces te has preguntado cómo se desenvolverá tu hijo en las diferentes situaciones que le toque vivir más allá de su hogar: en la escuela, con los amigos, con profesores, en el barrio…? Sin duda, si eres consciente de que ha aprendido algunas nociones básicas de disciplina confiarás en que sabrá cómo protegerse, se defenderá sin violencia, sabrá resolver sus conflictos y valorará sus logros; incluso aceptará sus fallos, confiará en sus propias capacidades, admitirá y tolerará las críticas, hará frente a los obstáculos, sabrá en qué momento utilizar sus propios recursos y aptitudes y, lo más importante, respetará y se respetará a sí mismo…

Y es que la seguridad de un niño no es algo que surja mágicamente de la nada, o que se pueda implantar desde fuera, sino que se construye como el resultado de un proceso lento y constante que comienza exactamente en los primeros minutos del nacimiento. El «niño ideal» de las primeras semanas de vida, que da paso poco a poco al niño real, es también un desafío para los padres.

En los casos en que los padres ayudan a sus hijos a ser ellos mismos integrando amor y disciplina, evitando levantar barreras inútiles alrededor de éstos, los hijos saben que, pase lo que pase, pueden confiar en sus recursos. Sin creerse malos, indignos de amor, sin sentirse ansiosos o temerosos... No tendrán el sentimiento secreto de sentirse rechazados, como le ocurrió a Sylvia, que a los siete años, después de la muerte de su hermana y de su padre en un accidente, comprendió que cada vez que su madre le decía que era sucia, repugnante y que era una niña muy mala, lo que le estaba diciendo en el fondo era que no la quería y que incluso estaba de más. La ansiedad, la tensión y el sentimiento de abandono que sintió de un modo tan fuerte e incontrolable a los doce años, sólo empezó a calmarse con comida. Para ella, la comida era algo así como la representación de los primeros meses de vida donde para comer estaba en los brazos de su mamá. Entonces cada vez que comía, no percibía esa profunda sensación de rechazo por parte de su madre, y con cada bocado que se llevaba a la boca recuperaba el calor, el afecto y la aprobación que tanto le faltaban. Obviamente, el sobrepeso de Sylvia, con tan sólo doce años, le impedía participar de muchas actividades con su grupo. No iba con sus amigos a la playa, no competía en ningún evento deportivo, evitaba asistir a fiestas... Y así, cada vez que su autoestima bajaba un poco más en soledad, ella volvía a lanzarse con más ahínco a la comida.

CUANDO LA BASE DE LA SEGURIDAD ES LA CONFIANZA EN QUE PUEDEN MEJORAR

Ahora ya sabes que un niño no es siempre igual. Su carácter cambia, sus gustos cambian, también sus ideales... Si los padres son conscientes de ello, la disciplina se convierte en un sistema de vida. Incluso quedan atrás esas frases que todos oímos alguna vez en boca de algún adulto como: «Siempre eres igual de torpe» o «¿Es que nunca serás capaz de hacer nada correctamente?», que aun dichas con cariño y sin mala intención, tienen para cualquier niño una fuerte carga emocional y connotaciones de inmovilidad. Sencillamente porque desde su mundo infantil eso se interpreta como (tanto a corto como a largo plazo): «No tienes más remedio que ser torpe para que yo me fije en ti».

Evidentemente, la mayoría de los adultos no son conscientes de que cada vez que recurren a este tipo de comentarios lo único que logran no es descargar su rabia, sino que están dando pautas puntuales para que repriman, sobrevaloren, nieguen y escondan determinados aspectos de su personalidad. Es decir, le están dando las herramientas necesarias para que en un momento u otro se digan –para seguir con el ejemplo anterior–: «Si ése es el único modo en que mis padres me ven, para que me sigan viendo debo ser sólo así; así que decididamente seré torpe toda mi vida». Un mensaje inconsciente pero que sin duda es destructivo para la autoestima, debido que genera enrevesados mecanismos internos de adicción a la derrota. Y es que para los niños ser valorados en términos de éxito/fracaso; ventajoso/deficiente; bueno/malo, equivale a obligarlos a que dejen de lado muchas de sus habilidades naturales: por ejemplo, una habilidad natural para hacer amigos, una gran facilidad para la danza, para las manualidades, para el dibujo, los deportes, la música... Es decir, incitarlos a que abandonen todo lo que tenga que ver con la creatividad y la espontaneidad para armarse de una falsa personalidad de éxito y fortaleza con el fin de agradar de ese modo a sus padres.

Por esta razón (es importante que reflexionéis sobre ello), cuando los padres usan palabras negativas para definir a sus hijos desde una edad temprana, las repercusiones también suelen ser mayores a medida que éstos crecen, debido a que cada vez necesitan de más corazas interiores a causa de su inseguridad. Se trata de niños que fácilmente creen que siempre se está hablando mal de ellos, se enfrentan a situaciones nuevas, pero rápidamente pierden su poder para sobrellevar momentos difíciles, o resuelven conflictos manipulando a los demás, es decir, comportándose autoritariamente o quejándose de que no pueden hacer aquello que desean. Son niños que, en ocasiones, se ponen bajo las órdenes de otros para que tomen decisiones por él, toman distancia cuando el grupo al que pertenece opta por soluciones creativas e independientes frente a un problema, o se apartan del grupo porque no quieren ser expuestos a más críticas... En síntesis, aceptan de mejor grado la conformidad porque representa menos riesgos.

Para ellos, satisfacer sus necesidades de aprobación resulta prioritario, así pues, por más que necesiten destacar, siempre preferirán mostrar a los demás una imagen de ineptitud, o de lo contrario en su interior correrán el riesgo de sentirse culpables por no ser «como mamá y papá esperan».

Y es que cuando los niños descubren que, hagan lo que hagan, serán tratados tanto por su padre como por su madre de un único modo («Juan, el mayor, es inteligente; pero María, la del medio, aunque es más torpe también es más voluntariosa»...), muchos de ellos (incluso antes de la pubertad) acaban creyendo que en su casa nadie los comprende y, por supuesto, que no pueden contar con el apoyo de nadie dentro del hogar.

Por esta razón, cada vez que habléis con vuestra hija o con vuestro hijo, intentad tener siempre presente que una palabra bien dicha, mediante la cual se le transmita que puede cambiar, que puede ser mejor con tan sólo proponérselo, puede tener un efecto mágico y reforzador.

Qué tal si a partir de ahora comenzáis vuestras frases con un «Me gustaría...», «Creo...», «Me parece que sería más prudente si...». Cuando los padres decimos a nuestros hijos «Tienes que hacer los deberes...», en lugar de «¿Qué tal si acabas lo que has comenzado?...», no sólo les estamos transmitiendo mensajes de ineptitud, falta de decisión y poca confianza en sus valores personales, sino que les estamos enseñando que piensen como nosotros, les estamos transmitiendo con nuestro lenguaje que la vida es una permanente obligación.

¿Habéis pensado cómo os gustaría que os dijeran a vosotros lo mismo que le decís a él?

¿Habéis pensado en algún momento mientras leíais estas líneas qué podríais hacer para reforzar vuestros propios pensamientos positivos?

¿Qué palabras utilizaríais para demostrarle a vuestro hijo lo valioso que es para vosotros.

Probad decir más a menudo:

«Me encanta», en lugar de «No me gusta», reforzando aquello que vuestro hijo hace con esmero.

«Deseo», en lugar de «Tienes que».

«Me parece», en lugar de «Yo sé que tú eres, que tú piensas»...

Y, por supuesto, en lugar de gritar cuando creáis que no os está escuchando, habladle en voz cada vez más baja. Poneos frente a él y miradle a los ojos. Mientras os aseguráis que os está mirando sabéis que no tiene más remedio que centrar su atención en vuestras palabras. Recurrid al contacto físico. A veces es necesario tocarle ligeramente el hombro o sostenerlo suavemente por los brazos para decirle lo que deseáis. Decid una primera frase breve y en forma de pregunta. «¿Qué tal si acabas de ordenar tu habitación?» Si no os contesta y lo hace, no digáis nada más, pero si os replica de algún modo, insistidle con tono firme. Decidle lo que tiene que hacer y cómo. ¡Porque quienes mandáis sois vosotros!

NO SE TRATA DE SER PADRES PERFECTOS...

«No quiero un padre perfecto. Sólo quiero un padre en el que pueda confiar», me dijo en una ocasión un preadolescente de doce años y medio. Para la mayoría de los adultos, cuando hay que enseñar disciplina, una de las mayores disyuntivas es saber qué camino seguir, si los *debe ser* que han sido aprendidos en la infancia (un niño debe ser obediente, dormir toda la noche, comer toda la comida, por ejemplo), o lo que dice el sentido común del momento («no es grave que nuestro pequeño manifieste lo que le desagrada», «si se despierta es porque me necesita», «... él conoce el límite de su apetito»). Una incertidumbre que nuestros hijos captan al vuelo, porque el temor a que un hijo sea «mal educado», «consentido», o «mal alimentado», generalmente es un temor aprendido de generación en generación que impide ver que el comportamiento de un niño casi nunca tiene que ver con ese tipo de generalizaciones.

Cuando los padres comprenden que para ser padres hay que aprender cada día, hay una mayor flexibilidad a la hora de rectificar nuestros errores, sin que hagamos responsable a nuestros hijos (abierta o veladamente) de nuestros conflictos no resueltos.

Las preguntas que siguen a continuación son sólo una ayuda para que los padres sepan hasta dónde os podéis haber dejado llevar por la fantasía de «padres perfectos», o si realmente la disciplina que le enseñáis a vuestro hijo es la que consideráis mejor para él a partir de un conocimiento profundo de su persona:

¿Esto que le estoy enseñando, exigiendo, pidiendo y reforzando en mi hijo es importante para mí? ¿Me interesa realmente eso para él? ¿O se lo transmito porque lo hace todo el mundo? ¿Qué significado tiene para mí que él sepa, aprenda, o decida eso ahora? ¿Es importante para sus intereses y necesidades o para los míos? ¿Qué fin persigo con ello? ¿Lo estoy haciendo por sus intereses y de un modo acorde a su edad y a su manera de ser?

Convengamos que dejar a un lado los condicionamientos y las expectativas personales no siempre es fácil. Sin embargo, como padres, debemos ser conscientes de que cuando miramos más al hijo ideal que al hijo real le exigimos en demasiadas ocasiones comportamientos y actitudes que no están a la altura de sus posibilidades. Por eso, el primer paso que hay que dar para que esto no suceda, consiste en intentar ser cada día un poco más conscientes de que nuestros hijos son diferentes de cómo éramos nosotros en nuestra infancia. Ellos, frente a un problema, pueden necesitar estar un tiempo a solas mientras que cuando nosotros éramos niños tal vez corríamos a contárselo a nuestros amigos, o veíamos televisión para no pensar, o nos conformábamos con resolverlo mediante la fantasía, por ejemplo creando algún amigo imaginario... Son diferencias claras, por lo que resulta absurdo generalizar y creer que nuestros hijos deben comportarse y ser como nosotros. Cada vez que los estamos juzgando según nuestros propios parámetros, lo único que les estamos diciendo es «No seas tú, sé una prolongación de mí»; y esto, aunque ahora no os deis cuenta de ello, es como hacerlos constantemente responsables de vuestros propios fracasos... Pensadlo...

LA BUENA DISCIPLINA ES LA QUE PROTEGE LA INOCENCIA

En ocasiones, cuando los padres están demasiado empeñados en que sus hijos crezcan rápido y les enseñan o les exigen actitudes de niños y niñas mayores cuando aún no están preparados, quizá no se dan cuenta de que están provocando un efecto contrario al esperado. El temor de los padres a que sus hijos parezcan inadaptados o inferiores a otros es una de las razones más comunes por la que los padres avergüenzan a sus hijos. En otros casos los visten como adolescentes aunque tengan dos años, los obligan a probar aquello que aún les da miedo, los humillan cuando no logran las metas que ellos les imponen… Todo ello, no es proteger la inocencia. No proteger la inocencia, no sólo es castigar o maltratar física o psicológicamente a los hijos. También lo es cuando se les obliga a comportarse siempre correctamente, cuando no se les permite pensar por sí mismos y/o se les consiente todo, o se los usa como moneda de cambio después de un divorcio… No se protege la inocencia cuando nunca se le dice a un niño lo orgullosos que están sus padres de él. Cuando dejan de darle cariño porque creen que ya es grande para ello, o cuando invaden su espacio físico y psicológico y lo critican, juzgan, ridiculizan y avergüenzan delante de sus amigos. En suma: cada vez que los padres no se dan cuenta de las ventajas emocionales de tolerar y elogiar, de poner límites protectores, de escucharlos y demostrarles que se les tiene un amor incondicional...

ONCE DUDAS FRECUENTES DE LOS PADRES QUE HAN OPTADO POR UNA DISCIPLINA POSITIVA

A menudo, los padres creen que el problema de conducta de su hijo es único y muy complejo. Si bien es posible que tengan razón y que incluso los padres deban pedir ayuda a un profesional especializado, lo cierto es que en general la mayoría de los niños tienen problemas de conducta por razones similares.

He aquí algunas de esas dudas...

1. Mi hijo tiene problemas de conducta y es muy dependiente, ¿qué puedo hacer para corregirlo?

Desde que son bebés, los niños se adaptan a nuevas situaciones aferrándose a aquello que les da placer y seguridad y alejándose de lo que les causa dolor o temor. Cuando los padres no prestan atención a su hijo, cuando éste, desde las primeras horas de vida, no se siente escuchado porque los adultos no son capaces de satisfacer sus necesidades físicas, psíquicas y emocionales, el niño puede desarrollar una conducta compulsiva de estar cada vez más pegado a ellos, hasta incluso cuando ya es preadolescente. Son niños y jóvenes que explotan y tienen caprichos a menudo, se muestran quisquillosos, tozudos… Digamos que son niños emocionalmente apegados a sus primeros cuidadores, y emocionalmente angustiados. El apego a los padres o a otras personas de las que dependen se desarrolla como un modelo mental interno que integra creencias acerca de sí mismo, de otros, del mundo social, y de todos los juicios que afectan la formación y mantenimiento de las relaciones íntimas durante toda la vida del individuo.

Los niños dependientes, con estilo de apego ansioso-ambivalente, responden a la separación con angustia intensa y mezclan comportamientos de apego con expresiones de protesta, enojo y resistencia. Para decirlo de otro modo, si durante todas las fases de su desarrollo, los padres no promueven mediante una actitud basada en la disciplina que el niño sea independiente (por miedos secretos de los propios padres, porque están de algún modo desvinculados de su educación, porque quieren que crezca rápidamente), lo único que lograrán es que su hijo sea cada vez más dependiente.

Algunos padres aún hoy creen erróneamente que para que el hijo sea independiente deben alejarse cada vez más, creyendo que ése es el único modo que tienen para reforzar en el pequeño su autonomía y seguridad, ¡cuando lo que hay que hacer es exactamente lo contrario!

Un niño dependiente es un niño que no tiene la seguridad necesaria de que será cuidado, es un niño que apuesta por dejar muchas cosas de lado para estar con sus cuidadores. Tal vez no acepte participar en actividades de grupo para evitar ponerse a prueba, tal vez se aísle como mecanismo de defensa, especialmente si se trata de actividades en las que puede sentirse avasallado. Tal vez se comporte como un niño temeroso evitando especialmente aquellas situaciones en que pueda sentirse observado y criticado. De hecho, si bien es verdad que estas características son observables a partir de la segunda fase de crecimiento, es importante que los padres no esperen a que el niño crezca para tomar las medidas que consideren necesarias, tanto en lo que se refiere a la propia autonomía como cuando se trate de resolver problemas de conducta.

Las conductas «exageradas» de los niños dependientes suelen ser el modo en que intenta decir que algo no va bien, que algo para él no es saludable; tal vez que no encuentra un equilibrio entre sus demandas internas de autonomía y las restricciones o los peligros que él imagina que hay en el mundo exterior.

Cinco sugerencias para fomentar la disciplina positiva en el niño dependiente

1. Dejar que esté más tiempo con personas de su edad sin intervenir en sus juegos ni en sus intercambios.
2. Permitir que tenga su propio espacio y que se equivoque.
3. No sobreprotegerlo.
4. Demostrarle con firmeza que con caprichos y berrinches consigue menos que cooperando y siendo razonable.
5. Impedir que consiga lo que quiere mediante el chantaje emocional.

2. ¿Por qué mi hijo me rechaza cada vez que voy a ayudarlo, cuando en el colegio me dicen que tiene problemas de conducta?

Si se trata de un problema transitorio, que aparece por etapas, hay que recordar que la mayoría de los niños rechazan situaciones cuando se sienten muy controlados. A veces, demasiado control no sólo impide que el niño tenga sus propias experiencias, sino que impide al hijo saber cuál es su lugar en la familia. Es como si mediante el rechazo, el niño dijera «No te acerques, no te preocupes por mí, no tengo ninguna necesidad que tú puedas satisfacer».

En ocasiones, las primeras señales de rechazo aparecen

durante la fase de exploración, del año y medio a los tres años, (sin descartar que pueden aparecer en cualquiera de las siguientes), cuando el hijo intenta alejarse para conquistar un poco más su independencia y los padres lo controlan en exceso cada vez que intenta apartarse. Un modo de que no ocurra consiste en dejar que se aleje sin intentar dirigirle la vida, proponiéndole experiencias que lo satisfagan y en las que pueda estar solo o con su grupo de amigos. Por ejemplo, si tiene más de siete años se puede apuntar a actividades como el excursionismo o campamentos de verano.

Cinco sugerencias para fomentar la disciplina positiva en el niño que rechaza a los padres

1. Controlarlo desde lejos, permitiéndole que sienta que se enfrenta al mundo de una manera libre y sin presiones.
2. Permitir que tenga su propio espacio y que se equivoque.
3. Dejar que compruebe por sí mismo que sus actos tienen consecuencias.
4. No facilitar ayuda excepto que la pida.
5. No enfadarse y mantener la templanza cuando manifiesta una actitud de rechazo.

3. ¿Es normal que mi hijo no me obedezca y, sin embargo, haga siempre lo que le dicen sus amigos?

Mientras los niños reafirman su identidad, si sienten que en su familia no son aceptados por su modo de ser, es probable que se «construyan» uno al menos aceptable por el grupo y repriman parte de su «identidad emergente». Esta «máscara» les permite, a partir de los ocho años o cuando son mayores, hacer frente incluso a las contradicciones que experimenta con su familia. Pero esta fachada, sólo para el exterior, no suele durar mucho tiempo. Los padres en cualquier caso deberán evitar las disputas inútiles y reforzar la autoestima del hijo, aceptándolo y ayudándolo a descubrir sus talentos y habilidades verdaderas.

Cinco sugerencias para fomentar la disciplina positiva en un niño que hace más caso a sus amigos que a sus padres
1. En lugar de obligarlo a tener un comportamiento determinado, reforzar lo que hace de positivo.
2. Conocer a sus amigos, independientemente de que sean del agrado de los padres.
3. Permitir que los reciba en casa.
4. Aceptar que sea una persona diferente de los padres con sus aciertos y errores.
5. Inculcarle una disciplina basada en la colaboración y el bienestar de todos los integrantes de la familia.

4. ¿Por qué mi hijo es tan rebelde?
Existen muchas razones por las que un niño puede comportarse de un modo rebelde, y no siempre éstas tienen que ver con errores relacionados con la disciplina. En ocasiones, puede comportarte con rebeldía cuando están cansados, cuando están demasiado controlados, cuando hay otro niño o un hermano que compite con ellos. También hay que tener en cuenta que la rebeldía es la única forma en que un niño siente que es dueño de sus actos, de su espacio y de sus relaciones. De ahí que romper reglas sea para los niños rebeldes la única forma de tomar el control de una situación.

Cinco sugerencias para fomentar la disciplina positiva en un niño rebelde
1. Darles pautas de comportamientos claras y que las cumpla.
2. No fomentar modelos de conducta competitivos.
3. Tratar de que haya un ambiente tranquilo y relajado en el hogar.

4. Hacerle ver lo importante que es para la familia.
5. Compartir alguna de sus actividades, hacerla conjuntamente con el niño. El objetivo es que el padre o la madre se transformen en modelos de conducta con los que compruebe la importancia de seguir ciertas normas.

5. ¿Un niño ansioso puede tener problemas de conducta debido a ello?

La ansiedad es una respuesta natural del organismo que sirve para adaptarnos a circunstancias –reales o ficticias–, que son percibidas como amenazantes.

Existen casos en que los comportamientos ansiosos constituyen una forma de vida familiar. Tal es el caso de los niños de padres ansiosos, que aprenden desde pequeños a enfrentar muchas experiencias de intercambio con miedo y tensión.

Independientemente de que haya etapas del desarrollo en las que los niños son más proclives a padecer trastornos por ansiedad (por ejemplo, en el período que se corresponde a la angustia de los ocho meses o frente a la angustia de los nueve años; cuando comienzan a ir a la escuela; tal vez a los siete años debido a los cambios físicos que experimentan), si los padres son ansiosos ellos sentirán un temor incontrolado en casi todas las situaciones en que tengan que exponerse. Por ejemplo: ansiedad al hablar con personas desconocidas, a no poder realizar hacer algo si son observados (como decir una canción o recitar en una fiesta de la escuela); defender sus puntos de vista frente a otros niños; ir a comprar algo solos; reclamar lo que les corresponde. Ahora bien, no es de extrañar que un niño tenga problemas de conducta en tales circunstancias, ya que los problemas de ansiedad suelen ir acompañados de una gran falta de atención, insomnio, negativa a comer, o al contrario, comer demasiado, tener diarreas, tics...

En ocasiones, el miedo de los padres a que los demás niños le hagan algún daño, a que lo contagien (no me refiero a enfermedades importantes sino a una simple gripe), a que lo toquen y lo ensucien, transmitido como una norma de conducta, es una gran fuente de ansiedad.

Cinco sugerencias para fomentar la disciplina positiva en un niño ansioso

1. Respetar horarios.
2. Tener hábitos de higiene y estudio y respetarlos.
3. Darles una dieta equilibrada.
4. Ser coherentes en cuanto a las normas que deben cumplir.
5. Fijar normas y límites a través del diálogo para que vuestro hijo acepte y asuma compromisos. Deben ser normas claras de modo que estéis seguros que se pueden y se saben cumplir. Pueden estar escritas en un tablón en su habitación. Si son mayores, se puede establecer un contrato de conducta que firmarán ambos, en el que se explicarán las normas, así como las recompensas que obtendrá si se cumplen, como por ejemplo, ganar media hora más para el fin de semana siguiente si llega a casa sin retraso.

6. ¿Cómo puede tener problemas de conducta mi hijo en la escuela si en casa es tímido?

Aunque en la actualidad muchos terapeutas infantiles sostienen que la timidez es de origen hereditario y que se estimula o disminuye con la educación, lo cierto es que sea cual sea la causa por la que los niños son tímidos, ellos experimentan problemas importantes de relación, lo cual interfiere no sólo en su desarrollo social sino también en su madurez emocional.

Pero ¿cómo puede un niño tímido tener problemas de conducta en la escuela? La respuesta es sencilla: la timidez implica no sólo miedo a exponerse a situaciones nuevas, sobre todo si éstas suponen tener que hablar o mostrarse abiertamente ante otras personas sean o no de su edad; ni tampoco implica temer a casi todo, especialmente a sentirse inferiores si se les descubren sus defectos o lo que piensan en un momento determinado; la timidez también puede impulsarlos a «huir hacia delante», a arrojarse al vacío, a hacer aquellas cosas que jamás pensaron que se atreverían. Ir «hacia atrás» –retraerse– o ir «hacia delante» –atreverse– son dos formas de controlar una situación. Hay que tener en cuenta sin embargo que, a veces, la causa de este tipo de conductas se debe a que el niño se da cuenta de que es el centro de atención y necesita urgentemente hacer algo, en especial cuando se trata de reuniones familiares, en las que todos lo conocen y saben como es realmente.

Es verdad que algunos niños tímidos prefieren jugar solos para no ser observados (temor a la mirada del otro). Algunos incluso pueden no querer hablar con nadie o enfadarse si se les obliga a estar con otros niños. Pero no hay que caer en la tentación de creer que siempre actúan del mismo modo. Cuando la timidez ha aparecido alrededor de los siete años o en la pubertad, según los expertos es importante que no se confunda con comportamientos típicos de esa etapa. A menudo, cuando los padres tratan a su hijo como si fuera tímido y lo único que sucede es que está más reconcentrado en sí mismo (debido a que está viviendo cambios psíquicos, físicos y emocionales importantes que inciden en su personalidad) sin darse cuenta lo están condicionando para que refuerce sus comportamientos ansiosos, es decir, para que acabe aislándose aún más de las personas de su entorno.

Los padres, en primer lugar, deberían cerciorarse, con ayuda de un profesional, de que realmente se trata de timidez. Si es así, su tarea será enseñarle cómo planificar, enfrentar y evaluar aquellas situaciones que le resultan tan terroríficas. De hecho, como los niños tímidos necesitan aprender paulatinamente a afrontar aquellas situaciones que temen para poder superar sus miedos, en ocasiones sólo basta con motivarlo para que participen en pequeñas responsabilidades, como acompañar a un hermano menor al dentista o llevarlo a la guardería, retos que ellos aceptan de buen grado cuando se trata de proteger a alguien. Si son mayores, también podéis pedirle que haga un trámite urgente en el banco que os habéis olvidado (como ir a buscar recibos) o que vaya a recoger ropa a la tintorería porque a vosotros os es imposible. Es decir, idear cualquier actividad rutinaria de tanto en tanto que sirva para que entre en contacto con otras personas. A veces es conveniente planificar con el niño actividades en las que pueden disponer de un período para que vayan preparándose tanto psicológica como emocionalmente. Por ejemplo, podéis decirle «¿Qué te parece si mañana vas tú a comprar galletas para que desayunemos juntos?», lo que le dará margen suficiente para pensar cómo hacerlo y sentirse más seguro. Sin duda, como ya sabéis, a vuestro hijo tímido generalmente se le desmoronan los planes que se haya trazado en cuanto pone un pie en la calle. Por ejemplo, si el día anterior había planificado caminar lentamente hasta la panadería escuchando su música predilecta con sus auriculares, es probable que si se trata de una primera experiencia vaya corriendo a comprar el pan y regrese del mismo modo. O que os diga por la mañana que no puede ir porque le duele la cabeza o tiene sueño. Así que como podréis imaginar, de vosotros depende evaluar qué método es mejor para él. Elegid aquel que le permita sentirse seguro y confiar en sus habilidades a fin de que, más adelante, acepte mayores desafíos.

Cinco sugerencias para fomentar la disciplina positiva en un niño tímido

1. Si vuestro hijo se niega a implicarse en una actividad o a jugar con otros niños, no lo obliguéis.
2. Podéis organizar excursiones con otros padres al aire libre, intervenir con él en actividades de centros recreativos... También suele dar excelentes resultados invitar a merendar a un niño de su edad que haya conocido en el parque o que conozca de otros sitios (no del colegio).
3. Cuando os cuente qué ha hecho o cómo ha estado, valorad especialmente su esfuerzo más que sus logros y no dejéis que se salte las normas del hogar.
4. Nunca os burléis o permitáis que otros lo hagan, ya que es común que si algo no sale como él espera se sienta fácilmente incapaz e inepto; obviamente sin caer en una educación sobreprotectora.
5. Cuando los conflictos aparezcan, enseñadle a resolverlos pero mostrándole siempre el lado positivo de las cosas, aun de aquellas que para él o ella signifiquen derrota. Pensad seriamente que si os mostráis preocupados por sus desaciertos y por sus fallos, acabará creyendo que realmente algo funciona mal en él. Los niños tímidos, igual que los adultos, creen que todas las personas puede ver lo que sienten y lo que piensan como si fueran transparentes.

7. ¿Puede un niño con estrés tener problemas de comportamiento?

Erróneamente se cree a menudo que los únicos en padecer estrés son los adultos, sin embargo, los niños también experimentan estrés cuando perciben una situación peligrosa o dolorosa y se sienten indefensos. Entonces la situación de estrés los lleva a responder «peleando, huyendo o inhibiéndose», preparando su cuerpo y su mente para la situación de alarma en la que están inmersos: aumentan los latidos del corazón, tienen una respiración acelerada, aumenta también la cantidad de sangre que fluye hacia los músculos de los brazos, les sudan las manos y los pies, sienten un nudo en el estómago, además de una sensación generalizada de terror. Cuando las señales de terror y de alarma desaparezcan, el cuerpo se encargará por sí solo de bajar los niveles de ansiedad. Es decir, que al fuerte estado de tensión interior lo que sigue entonces es un estado de relajación y calma que incluye una disminución en los latidos del corazón y de la respiración y una sensación de bienestar.

Ahora bien, no todos los niños son víctimas de estrés por los mismos motivos. Algunos pueden ser víctima de estrés cuando:

- las exigencias por parte de los adultos superan sus posibilidades de respuesta;
- el niño tiene pensamientos y sentimientos negativos sobre sí mismo. Es decir, cuando permanentemente obtiene una percepción degradada de su persona;
- experimenta cambios corporales;
- tiene problemas de relación con otros niños;
- vive en un ambiente que no le permite sentirse seguro;
- hay una separación familiar;
- ha muerto un ser querido;
- lleva a cabo muchas actividades y tiene expectativas demasiado altas que no le pertenecen;
- hay problemas financieros en la familia;
- alguien de su círculo íntimo está enfermo.

Algunos niños incluso pueden están sobrecargándose demasiado tan sólo con una o con varias de estas cuestiones y en lugar de liberar la ansiedad se enferman o vuelven agresivos, o se repliegan sobre sí mismos.

Cinco sugerencias para fomentar la disciplina positiva en un niño estresado

1. Cuando un niño tiene estrés debe seguir una disciplina en la que además se incluya un horario para realizar ejercicios físicos, sin olvidar que también necesita dedicar tiempo a aquellas actividades que para los niños resultan básicamente liberadoras, como escuchar música, hablar con un amigo, dibujar, escribir o pasar un rato con su mascota.
2. Evitad los ambientes en los que el niño pueda estar sobreestimulado. Como poner la radio o la televisión a un volumen muy alto, sitios donde haya mucha gente... Intentad poner en casa música relajante, por ejemplo algo de Mozart...
3. Enseñadle a planificar sus tareas, a organizar su tiempo para tener momentos de ocio y a pedir ayuda cuando lo necesite.
4. Enseñadle a que pueda por sí mismo disminuir las fuentes de estrés, como por ejemplo apagando el televisor cuando lo que está viendo lo pone tenso, no acostándose tarde cuando deba levantarse temprano, cuidando su dieta e intentando no llevar a cabo sus responsabilidades de un modo caótico y desorganizado.
5. Los niños estresados suelen hacerse cargo de los problemas de los padres, así que lo mejor será que por un tiempo no habléis delante de él de los problemas que os preocupan.

8. ¿Qué relación existe entre disciplinar a mi hijo y la posibilidad de dañar su autoestima?

La familia es como un centro de operaciones donde el niño aprende cómo es el mundo y cómo es él. Es decir, una estructura donde los lazos de unión son tan poderosos como invisibles. Una disciplina mediante la cual el niño sea avergonzado, humillado o degradado en algún aspecto sin duda dañará su autoestima.

Por el contrario, cuando la disciplina parte de una buena comunicación con los padres y los hermanos, el niño pondrá en práctica lo aprendido de un modo más independiente y autónomo. Por esa razón, hay que darles pautas pero a su vez enseñarles a decir *puedo*, en lugar de *no puedo; alguna vez soy capaz de*, en lugar de *jamás sabré; estoy orgulloso de ser como soy* en lugar de *a nadie le gustará como soy.*

Cinco sugerencias para fomentar la disciplina sin dañar la autoestima

1. Enseñad a vuestro hijo a ser disciplinado incluso cuando hace algo sólo por gusto.
2. Enseñadle que los momentos de ocio son tan importantes como aquellos en los que debemos cumplir con nuestras responsabilidades.
3. Nunca lo culpéis por algo que haya hecho mal. En cualquier caso enseñadle a hacer algo a cambio para mejorar o superar lo que él considera un error.
4. Enseñadle a hablar de lo que le pasa, y evitar –tanto cuando les hagamos propuestas para mejorar su comportamiento, como cuando les expliquemos algo que han hecho mal– poneros vosotros mismos como modelos («A tu edad yo...») o poner como ejemplo a otras personas («Mira tu hermano como...»). En todo caso lo compararemos con él mismo («Seguro que lo conseguirás, como cuando hiciste… aquella vez lo hiciste muy bien»).
5. Enseñad a nuestros hijos a buscar soluciones en vez de encontrar a alguien a quien echarle la culpa.

9. ¿Puede un niño tener problemas de conducta porque esté celoso de su hermano?

Nadie duda de que los celos pueden promover grandes conflictos en la vida interior de un niño. La sensación de que son menos queridos y aceptados incluso pude hacerles tener verdaderos ataques de mal genio. Cuando los hermanos compiten por el amor y la atención de los padres, de la natural rivalidad y solidaridad propia de la relación, suelen pasar con facilidad a verdaderos ataques de rabia o de cólera por resentimiento y sensación de abandono. En cualquier caso, no hay que olvidar que los celos son normales y que indican que hay una verdadera relación de compromiso entre los hermanos. A veces, no obstante, los celos pueden aparecer si un niño capta que en su familia hay una sucesión de poderes donde él es siempre el menos beneficiado. («Si papá increpa a mamá. Si mamá increpa a todos menos a papá. Si mi hermana puede enfrentarse a quien se le antoje menos a papá y a mamá. Si los abuelos sólo se enfadan con mi hermana y conmigo, a mí lo único que me queda es increpar al canario o aliarme con papá.») De algún modo, esta forma de pensar de los niños (que obviamente no es tan reflexiva sino más bien una especie de percepción global de la situación) y que determina la aparición de los celos, lo llevará a actuar con oposición cuando se sienta solo y abandonado.

Por último, los prejuicios, los sobreentendidos y los malentendidos, que también parten de no hablar con claridad, pueden despertar celos y conductas problemáticas.

Cinco sugerencias para fomentar la disciplina positiva cuando el niño está experimentando celos

1. Enseñadle a compartir sentimientos y experiencias sin competir.
2. Nunca deis más responsabilidades a uno otorgando más privilegios a otro.
3. Enseñad conjuntamente disciplina y cooperación.
4. Alabad al niño que siente celos cuando haga algo correcto en vez de castigarlo sólo cuando hace lo incorrecto.
5. Demostrad permanentemente a vuestro hijo que no culpáis

a nadie cuando alguien hace lo incorrecto o cuando las cosas van mal debido a la mala suerte.

10. ¿Puede ser que los problemas de conducta de mi hijo se deban a que es hijo único?

Siempre se ha dicho que los hijos únicos son más consentidos y malcriados. Por un lado, porque al no tener hermanos con quien medirse generalmente no aprenden a relativizar; por otro, porque pocas veces los padres saben dar el espacio que realmente necesita el niño. Si los padres son muy permisivos o muy estrictos, el hijo único corre el riesgo de comportarse del único modo que conoce (buscando cada vez más exclusividad). Y lo mismo si los padres no delimitan su propio espacio respecto del hijo, que entonces no sabrá distinguir cuáles son las cosas que pertenecen a su mundo y cuáles al de sus padres, desarrollando así una gran inseguridad como consecuencia de la falta de límites. Por último, recordad que ser único nunca implica que deba recibir un trato diferente, de lo contrario él llevará a cabo la etiqueta del «diferente» con total fidelidad más allá de las cosas que hagáis para ayudarlo a relacionarse satisfactoriamente con los demás.

Cinco sugerencias para fomentar la disciplina positiva en el hijo único

1. Enseñadle a ser disciplinado buscando siempre el término medio. No conviene tratarlo con demasiada libertad, ni con demasiada rigidez para que se porte siempre correctamente, olvidando que se les pueden fijar límites siendo permisivos y dejando que se descontrole de vez en cuando.
2. Motivadlo para que aprenda a colaborar y a compartir.
3. Evitad llenar la agenda del niño con actividades que no le permitirían tener tiempo para él y para compartir actividades con las personas que él desea.
4. Incitadlo desde pequeño a que colabore con alguna acti-

vidad para ayudar en la organización familiar, como recoger la mesa después de comer, hacer las camas los fines de semana, etc.

5. Permitid que algunas de las tareas escolares las haga con algún amigo y que vaya a casa de otros niños.

11. ¿Puede ser que mi hijo tenga problemas de conducta porque pasa gran parte del día con los abuelos?

En los últimos tiempos, el papel de los abuelos se ha convertido en un elemento de vital importancia dentro de la estructura de la familia. El ritmo de trabajo, la necesidad de traer más dinero a casa, ha hecho que muchos padres deleguen el cuidado y la educación de los niños en sus propios padres. Muchas abuelas y abuelos ciertamente están fascinados por compartir a los niños con los padres. De hecho, si los abuelos se llevan bien entre ellos y respetan las normas de los padres todos pueden salir beneficiados. Pero no ocurre lo mismo cuando hay conflictos con los padres del niño, cuando los abuelos se llevan mal, o cuando se inmiscuyen demasiado en el modo en que los padres educan y comparten experiencias con sus hijos; cuando interfieren dando mensajes contradictorios frente a aquello que el niño ha tenido hasta ahora como seguro y verdadero; o bien queriendo sobrepasar la autoridad y disciplina que éstos imponen. En esos casos, habrá que tomar medidas. Fundamentalmente para que la imagen de los padres no se deteriore y los abuelos no se conviertan en padres sustitutos. A veces, este tipo de problemas se soluciona hablando con los abuelos. Al fin y al cabo todos hemos tenido abuelos irremplazables, que han sido fuente de emociones positivas.

Cinco sugerencias para fomentar la disciplina positiva en el niño que es cuidado por los abuelos

1. Intentad que el niño comparta con otras personas parte del día además de hacerlo con los abuelos.
2. Llegad a acuerdos con los abuelos para que se sigan las mismas normas y viceversa.
3. Intentad que para los abuelos sea más un placer que una pesada carga. De lo contrario, contratad a una canguro que ayude a los abuelos dos veces a la semana.
4. Dejad que vuestro hijo explique qué piensa de los abuelos y cómo se siente con ellos.
5. No impliquéis nunca a los abuelos en los problemas de relación que pudierais tener con vuestro hijo.

BIBLIOGRAFÍA

Adler, Alfred, *El carácter neurótico,* Planeta De Agostini, Barcelona, 1985.

Barudy, Jorge, *El dolor invisible de la infancia. Una lectura ecosistémica del maltrato infantil,* Paidós Terapia Familiar, Barcelona, 2003.

Beard, M Ruth, *Psicología evolutiva de Piaget,* Kapelusz, Buenos Aires, 1982.

Eco, Humberto; Goldmann Lucien; Bastide, Roger, *Sociología contra psicoanálisis,* Planeta De Agostini, Barcelona, 1986.

Freud, Anna, *Normalidad y patología de la niñez,* Paidós, Buenos Aires, 1975.

Fromm, Erich, *El miedo a la libertad,* Planeta De Agostini, Barcelona, 1985.

Gervilla Castillo, Ángeles, *La mentira infantil,* Nacea, Madrid, 1987.

Harms, Ernest, *Psicología del niño anormal,* Paidós, Buenos Aires, 1964.

Hesse, Hermann, *Demian,* Alianza Editorial, Madrid, 1982.

Hunter, David E. y Whitten, Phillip, *Enciclopedia de Antropología,* Ediciones Bellaterra, Barcelona, 1981.

Jerusalinsky, *Alfredo y colaboradores, Psicoanálisis en problemas del desarrollo infantil,* Ediciones Nueva Visión, Buenos Aires, 1988.

Jung, Carl G., *Conflictos del alma infantil,* Paidós Educador, Barcelona, 1991.

Krishnamurti, Jiddu, *Pedagogía de la libertad,* Integral, Barcelona, 1996.

Krishnamurti, Jiddu, *Vivir de instante en instante,* Integral, Barcelona, 1996.

Malinowski, Bronislaw, *Crimen y costumbre en la sociedad salvaje,* Planeta De Agostini, Barcelona, 1985.

Marcuse, Herbert, *El hombre unidimensional,* Planeta De Agostini, Barcelona, 1985.

Mead, Margaret, *Adolescencia, sexo y cultura en Samoa,* Planeta De Agostini, Barcelona, 1985.

Osterrieth, Paul, *Psicología infantil,* Morata, Madrid, 1972.

Pepin, Luise, *Psicología, vida y problemas del niño,* Nacea S.A., Madrid, 1997.

Piaget, Jean, *Estudios sociológicos,* Planeta De Agostini, Barcelona, 1986.

Ribeyro, *Cuentos Completos,* Alfaguara, Madrid, 1994.

Rojas Marcos, Luis, *La pareja rota. Familia, crisis y superación,* Espasa Calpe, Madrid, 1999.

Rojas Marcos, Luis, *Las semillas de la violencia,* Espasa Calpe, Madrid, 1996.

Rojas, Enrique, *¿Quién eres? De la personalidad a la autoestima,* Temas de Hoy, Madrid, 2001.

Vinyamata Camp, Eduard, *Manual de prevención de conflictos,* Ariel Practicum, Barcelona, 1999.

Witkin, Georgia, *El estrés del niño,* Grijalbo, Barcelona, 2000. 11-15.

DIRECCIONES DE INTERÉS

Problemas de hiperactividad

Fundación ADANA
Muntaner, 250, pral. 1ª - 08021 Barcelona.
Tel: 93 241 19 79 Fax: 93 241 19 77

ADA±HI: (Asociación de Ayuda al Déficit de Atención con más o menos Hiperactividad)
Asociación sin ánimo de lucro que informa, ayuda y forma a familias y profesionales relacionados con este trastorno.
Av. Reina Victoria, 14, 1° D (Edificio Alicante), Cartagena - Murcia. Teléfonos: 968 528208 - 650 968834.
Correo electrónico: adahi@navegalia.com

A.G.H.I.D.A (Asociación Gallega de Hiperacticidad y Deficit de Atención)
Terapia de habilidades sociales, yoga, Musicoterapia... así como terapia de apoyo a los padres.
C/ Travesía de Franco, 3, 2°, A Coruña. Teléfono: 986 229196.
Correo electrónico: aghidavigo@worldonline.es

A.HI.D.A. (Asociación de Hiperactivos con Déficit de Atención): Profesionales de esta asociación trabajan en el Grupo Ikertuz dedicada a la formación e investigación en hiperactividad. Asociación bilbaína: C/ Monte Gorbea, 10, bajo, 48930, Las Arenas, Vizcaya. Teléfono: 94 431 57 83.
Pueden visitar su página web: www.ikertuz.com

Ayuda psicológica en internet

S.O.S.Psicólogo
Asociación benévola dirigida por un grupo de especialistas. La asociación tiene como objetivo responder, en lo posible, a personas deseosas de superar un estado crítico de sufrimiento o de conflicto psicológico o bien en la búsqueda de una respuesta de orientación a un problema personal, haciendo accesible a un público más amplio los beneficios de la psicología y, en algunos casos, del análisis.
http://www.sos-psychologue.com/

Consulte al Psicólogo.com
Consultas psicológicas en línea acerca de conflictos y dificultades relacionados con la pareja y la familia, problemáticas infantiles, sexualidad, embarazo, violencia familiar y otros ejes temáticos.
http://www.consultealpsicologo.com

Problemas de déficit de atención

Centro de Estudios sobre Déficit Atencional Infantil
http://www.cedai.com.ar

Médica de Tarragona - Escuela de Padres
C/ Sta Joaquina de Vedruna, 23, bajos, 43002 Tarragona.
Teléfono: 977 252575 - Fax.977 251330
Correo electrónico: padres@medicadetarragona.es
htpp://www.medicadetarragona.es

Otras direcciones interesantes...

Andares
Centro especializado en prevención y cuidado del entorno del niño. Los padres asisten al centro durante una hora y una vez por semana con sus bebés. Piden orientación acerca de qué juegos o con qué juguetes jugar, cómo enfocar las pautas educativas de cada hijo.
C/ Bruno Ayllón, 9, 1º, 28020 Madrid. Teléfono: 915722276.
Correo electrónico: e.fodor@teleline.es
http://www.efodor.com

TTM (Fundación Española de la Tartamudez)
TTM-España ha sido creado por personas y padres/madres de niños que tartamudean con el fin de informar y concienciar, a los padres, docentes y profesionales de la salud y al público en general.
C/ Guillem Tell, 33-35, 1º 2ª, 08006 Barcelona.
Teléfono: 932379193.
Correo electrónico: TTM_ES@yahoo.es
http://www.ttm-espana.com